Oscar Bähr

Das Gesetz über falsche Zeugen nach Bibel und Talmud

Oscar Bähr

Das Gesetz über falsche Zeugen nach Bibel und Talmud

ISBN/EAN: 9783744612500

Hergestellt in Europa, USA, Kanada, Australien, Japan

Cover: Foto ©ninafisch / pixelio.de

Weitere Bücher finden Sie auf **www.hansebooks.com**

DAS
GESETZ ÜBER FALSCHE ZEUGEN

NACH

BIBEL UND TALMUD.

Inaugural-Dissertation

zur

Erlangung der Doctorwürde,

der

philosophischen Facultät der Universität

LEIPZIG

vorgelegt von

Oscar Bähr,
stud. phil.

BERLIN

Druck von H. Itzkowski, Gr. Hamburgerstr. 18|19.

1882.

DAS

GESETZ ÜBER FALSCHE ZEUGEN

NACH

BIBEL UND TALMUD.

Inaugural-Dissertation
zur
Erlangung der Doctorwürde,
der
philosophischen Facultät der Universität
LEIPZIG
vorgelegt von
Oscar Bähr,
stud. phil.

BERLIN
Druck von H. Itzkowski, Gr. Hamburgerstr. 18|19.
1882.

Der talmudische Strafprozess, der sich streng in den Formen des Anklageprozesses bewegt, erkennt für Criminalfälle lediglich den Zeugenbeweis als allgemein gültigen, gerichtlichen Beweis an, während für civilrechtliche Fälle auch Beweisarten untergeordneter Natur (Eid, Geständniss, Urkunden u. s. w.) zulässig waren. Doch war nach den Worten der Schrift Deuteron. 17, 6 zu einem vollständigen Beweis die Aussage von mindestens zwei fähigen Zeugen erforderlich[1]), und nur in wenigen Fällen wurde aus socialen oder religionsgesetzlichen Rücksichten (niemals aber für Criminalfälle) auch einem[2]) Zeugen Beweiskraft eingeräumt. Nach einigen Vorfragen, durch welche sie sich als fähige Zeugen zu erweisen hatten, (Sanhedrin 27) wurden die Zeugen vorschriftsmässig ermahnt. Diese Admonition[3]), ernst und erhaben in Form und Ausdruck, war darauf berechnet einerseits falsche Ankläger zurückzuschrecken, andrerseits aber auch dem wahren Ankläger Muth und Vertrauen einzuflössen. Sie findet sich vollständig Mischna Sanhedrin 37a:

שמא תאמרו מאומד ומשמועה עד מפי עד מפי אדם נאמן שמא אי
אתם יודעים שסופינו לבדוק אתכם בדרישה ובחקירה הוו יודעין כדיני
ממונות דיני נפשות דיני ממונות אדם נותן ממון ומתכפר לו דיני נפשות דמו
ודם זרעו תלויין בו עד סוף כל העולם שהרי בקין נאמר קול דמי אחיך
צעקים דמו ודם זרעו. לפיכך נברא אדם יחידי בעולם ללמד שכל המאבד
נפש אחת בעולם מעלין כאילו אבד עולם מלא וכל המקיים נפש אחת בעולם

---

[1]) Sanhedrin 30a.
[2]) Schebuoth 40a.
[3]) Auch für civilrechtliche Fälle gibt Mischna Sanhedrin 29a Vorfragen und Admonition an die Zeugen, ohne jedoch hierfür eine bestimmte Formel vorzuschreiben.

מעלין עליו כאילו קיים עולם מלא הרי כל באי עולם בצורת אדם הראשון
הם נבראים ואין פני כל אחד מהם דומין לפני חברו לפיכך כל אחד ואחד
יכול לומר בשבילי נברא העולם שמא תאמרו מה לנו ולצרה זו הלא כבר
נאמר והוא עד או ראה או ידע וגו' או שמא תאמרו מה לנו לחוב בדמו
של זה והלא כבר נאמר ובאבוד רשעים רנה.

»Vielleicht gründen sich eure Aussagen auf Muthmassung
oder auf ein Gerücht, oder auf die Mittheilung eines Augenzeugen oder eines sonst glaubwürdigen Mannes. Vielleicht
wisset ihr nicht, dass, beharrt ihr auf eurer Aussage, wir
euch prüfen werden durch genaue Erforschung eurer Aussage. Wisset, dass Criminalverbrechen nicht sind wie Civilsachen; das Vergehen in Civilfällen wird durch Wiederer-
stattung gesühnt, dort aber handelt es sich um Menschenleben, und das Blut des Erschlagenen und aller Generationen,
die von ihm abstammen sollten, lastet auf dem Mörder für
alle Zeit. Denn so heisst es von Kain: die Stimme des
Blutes Vieler, d. h. nicht Hebels Blut allein, sondern auch
das seiner Nachkommen schreit zu mir. Der Herr erschuf
anfangs nur einen Menschen: wer also ein Menschenleben
tötet, hat in den Augen Gottes eine ganze Welt zerstört,
und wer ein Menschenleben erhält, hat dadurch eine ganz
neue Welt aufgebaut. Gott hat alle Menschen im Ebenbilde
des ersten Menschen erschaffen, und doch gleicht keiner dem
andern; ein jeder kann darum wie der erste Mensch sagen:
um meinetwillen wurde die Erde geschaffen. Seid ihr aber
wahre Zeugen, so denket nicht: was soll uns diese Noth?
sondern befolget das göttliche Gebot, das euch zur Zeugniss-
ablage verpflichtet: Wer Zeuge ist und sagt nicht aus, der
hat seine Schuld zu tragen. Denket auch nicht, dass ihr
euch durch die Bestrafung des Verbrechers einer Blutschuld
schuldig macht, »denn beim Untergang des Frevlers ist
Freude«. (Prov. 11, 10)[4]).

---

[4]) Wir haben die Admonitionsformel nach der von Maimonides
Hilchot Sanh. 12, 3 angeführten Relation aufgenommen, da die beiden
Talmude in einzelnen Ausdrücken von einander abweichen und namentlich
in Babli nicht alles zur ursprünglichen Formel gehört zu haben scheint.

Hierauf erfolgte die Zeugenaussage und die genaue Erforschung derselben durch Chakirot und Derischot und Bedikot. Die ersten beiden umfassen Hauptfragen, (über die Person des Mörders, ferner sieben Fragen über Zeit und Ort des Verbrechens), über welche die Zeugen positive Auskunft geben müssen; die Bedikot betreffen Nebenumstände, (über Bekleidung des Mörders oder des Ermordeten u. dgl.) bei denen nur ein positiver Widerspruch der Zeugen unter einander, nicht aber ein blosses Nichtwissen das Zeugniss ungültig macht. (Mischna Sanhedrin 40. Maim. Hilchot Edut I, 4, II, 6). Diese Inquisition wurde nach den Zeugnissen, die wir noch aus der Zeit der peinlichen Gerichtsbarkeit besitzen, sehr eingehend und sehr umfassend, aber auch sehr vorsichtig vorgenommen, weil sie gerade nach der Natur des Anklageprozesses die Wahrhaftigkeit der Zeugenaussagen klar zu legen hat. Darum wird im Talmud auf die genaue und eingehende Erforschung der Zeugen sehr viel Gewicht gelegt, und Grundsätze wie: הוה מרבה לחקור את העדים וגו' (Aboth 1, 9) »Erforsche vielfältig die Zeugen und sei vorsichtig in deinen Worten«, ferner: כל המרבה בבדיקות הרי זה משובח (Mischna Sanh. 40a) »Wer sich tief in die Erforschung der Zeugen einlässt ist lobenswerth«, beweisen zur Genüge, wie gerade dieses Stadium des Prozesses den entscheidenden Wendepunkt für Schuld oder Unschuld des Angeklagten bildete[5]). Je nach der grösseren oder geringeren Uebereinstimmung in den Zeugenaussagen erfolgte dann ein condemnatorisches oder freisprechendes Urtheil. Dem talmudischen Anklageprozess ist die Institution der Staatsanwaltschaft durchaus fremd, die Zeugen sind zugleich die Ankläger. Ihre Aussage allein bildet also die Grundlage der ganzen Verhandlung, ohne dass ihre Glaubwürdigkeit anders als durch die strenge Inquisition geprüft wird. Der Zeuge brauchte die Wahr-

---

[5]) An derselben Stelle Sanhedrin 41 wird die Inquisition des Ben Saccai als eine besonders eingehende rühmend erwähnt, מעשה ובדק (בן זכאי בעוקצי תאנים) die er noch als Schüler vor seinen Lehrern, die als Richter fungirten, angewendet hat.

heit seiner Aussage nicht einmal durch einen Eid⁶) zu bekräftigen. Freilich leistete die eingehende Untersuchung in Verbindung mit dem eng begräuzten Kreise der fähigen⁷) Zeugen immerhin eine vorzügliche Gewähr für die Wahrhaftigkeit der Zeugen, aber man sieht leicht, wie nach dem mosaisch-talmudischen Rechte von Bosheit oder Neid erfüllten Zeugen namentlich zu Zeiten sociale Wirren Gelegenheit geboten war Leben und Gut anderer sogar unter Mitwirkung staatlicher Behörden dadurch zu gefährden, dass sie eine durch vorherige Verabredung in genaue Uebereinstimmung gebrachte Anklage gegen sie erhoben. Schon Könige I, 21, 13. wird uns erzählt, wie zwei nichtswürdige Männer gegen Nabot mit der erlogenen Anklage der Gotteslästerung aufgetreten und seine Verurtheilung zum Tode herbeigeführt haben. Deutlicher speziell über das Zeugenverhör belehrt uns ein anderes Factum, das Jerus. Talm. Sanh. 6, 3 und Jalkut erzählt wird.

שמעון בן שטח היו ידיו חמומות אתא סיעת ליצנים אמרי הכו עצה ניסהוד על בריה וניקטליניה אסהידו עלוי ונגמר דנו ליהרג מי נפק למתקטל אמרי ליה מרי שיקרין אנן בעא אבוי מחזרתיה א״ל אבא אם בקשתה לבוא תשועה על ידך עשה אותי כאסקופה.

Schimon ben Schetach hatte durch seinen religiösen Eifer als Vorsitzender des Synedriums die Rache einer verbrecherischen Bande herausgefordert, welche nun gegen seinen Sohn die falsche Anklage eines todeswürdigen Verbrechens erhob. Der Aussage dieser Ruchlosen wurde auch Glauben geschenkt und der Sohn Schimon ben Schetach's zum Tode

---

⁶) Die Ansicht Michaelis: Mos. Recht VI S. 125 betreffs des Zeugeneides ist bereits von Frankel: Gerichtlicher Beweis S. 203 als irrig zurückgewiesen. Spätere Gesetzeslehrer legten dem Zeugen in Civilsachen einen Eid auf, damit er wahrheitsgemässer berichte. Eine Verpflichtung hierzu lag später eben so wenig vor wie zur Zeit der mosaisch-talmudischen Strafpraxis.

⁷) Ausgeschlossen sind vom Zeugnisse: Frauen, Verwandte, Verbrecher, Leute, die unehrenhafte Gewerbe treiben, oder mit geistigen oder körperlichen Gebrechen behaftet sind. Sanh. II, 2. III, 1. 2. 3. Maim. Ed. X. XI.

verurtheilt. Schon sollte das Urtheil vollstreckt werden, als die Zeugen von Gewissensbissen getrieben ihre Anklage zurücknahmen und ihre Aussagen für vollständig erlogen erklärten. Schimon ben Schetach wollte in Folge dessen die Vollstreckung des Urtheils inhibiren, aber sein Sohn selbst sträubte sich dagegen mit den Worten: »Willst Du, Vater, dass Israels Heil durch Deine Hand begründet werde, so betrachte mich als die Schwelle, über welche Du ohne Schonung hinwegschreiten musst[8]«. Das Urtheil wurde dann auch wirklich an ihm vollzogen[9]). Im Zusammenhang mit diesem traurigen Vorfall mag Schimon ben Schetach[10]) auf ein strengeres Zeugenverhör hingearbeitet und die ernste Mahnung an die Richter haben ergehen lassen, die Aboth I, 9 von ihm überliefert wird.

Zugegeben auch, dass durch die grosse Zahl der unfähigen Zeugen dem falschen Zeugniss entgegengearbeitet war, dass ferner durch die genaue Inquisition der Widerspruch in ihren Angaben bald zur Entdeckung ihrer Lügenhaftigkeit führte — aber beide Fälle, ob das Zeugniss durch Theilnahme eines unfähigen Zeugen, oder durch den Widerspruch der Aussagen ungiltig wird, bieten keinen positiven

---

[8]) Wenn Zeugen nämlich erst nach Erforschung des Zeugnisses ihre Aussage zurücknehmen, indem sie sich für Lügner erklären, so nimmt man keine Rücksicht darauf, weil nach beendetem Zeugenverhör die Aussage unwiderruflich geworden ist. (Tosefta Ketuboth II, Toseffa Sanhedrin VI).

[9]) Zur Richtstätte geführt legte er nach Babli Sanh. 44b folgendes Bekenntniss ab: (מעשה באדם אחד שיצא ליהרג) אמר: אם יש בי עון זה לא תהא מיתתי כפרה על כל עונותי ואם אין בי עון זה תהא מיתתי כפרה לכל עונותי ובית דין וכל ישראל מנוקים והעדים לא תהא מחילה להם לעולם. »Habe ich diese Schuld begangen, so möge mein Tod nicht eine Sühne werden für alle andern Sünden; bin ich aber unschuldig, so bringe mein Tod mir Verzeihung für alle übrigen Sünden; unschuldig ist der Gerichtshof, unschuldig ist ganz Israel, doch den Zeugen möge nie Verzeihung zu Theil werden«. Wie die ausführliche Erzählung Raschi's zur Stelle, aus Talmud Jerusch. Chagiga entnommen, beweist, ist es nicht zweifelhaft, dass er unter אדם אחד unseres Talmud sich den Sohn Simon ben Schetachs gedacht hat.

[10]) Raschbam zu Aboth zitirt in מדרש שמואל.

Anhaltspunkt für ein thatsächlich erlogenes Zeugniss, für vollständig erdichtete Aussagen; ein solches Zeugniss ist zwar ungiltig, aber nur aus äussern, formellen Gründen und Rücksichten; die Frage bleibt aber noch immer offen, ob bei Theilnahme eines unfähigen Zeugen seine Aussage nicht wirklich wahr sei, oder bei der Ungültigkeit durch einen Widerspruch nicht ungenaue Beobachtung seitens eines Augenzeugen den Widerspruch veranlasst hat [11]). Man sieht, von einem durch gerichtlichen Beweis eruirten falschen Zeugnisse kann in keinem dieser Fälle die Rede sein; und doch ist gerade diese Frage für den mosaisch talmudischen Anklageprozess von der grössten Wichtigkeit, wie den Zeugen die Möglichkeit einer falschen Aussage entzogen oder wenigstens erschwert werde dadurch, dass ihnen die Lügenhaftigkeit des Zeugnisses positiv nachgewiesen und dieses also nicht nur für ungültig erklärt, sondern auch bestraft werden könne.

Diese Forderung erfüllt allein das auf Deuter. 19, 16—21 beruhende Gesetz über falsche Zeugen, wonach der lügenhafte Zeuge zur Verantwortung gezogen und zur Wiedervergeltungsstrafe verurtheilt werden konnte. Zwar bestimmt die Schrift nicht näher, wie die Zeugen der Unwahrheit überführt werden, doch wird diese Frage in den jüdischen Traditionsquellen ausführlich erörtert. Bei der Wichtigkeit der Stellung, welche die Zeugen im mosaisch talmudischen Rechte einnehmen, lässt sich voraussetzen, dass dem Gesetze über falsche Zeugen grosse Aufmerksamkeit, namentlich in den das Strafrecht behandelnden Tractaten zugewendet ist, und dass dieser Gegenstand das Interesse der ältern wie auch der jüngern Decisoren noch in Anspruch nahm, selbst nachdem das talmudische Strafrecht ausser Wirksamkeit gesetzt war. Indem wir nun »das Gesetz über

---

[11]) Der Fall, dass dem übereinstimmenden Zeugnisse fähiger Zeugen durch andere widersprochen wird, lässt den Angeklagten unbestraft und macht die erste Aussage ungültig, berührt aber eben so wenig wie die genannten die Frage, welche von den beiden Zeugenparteien denn nun gelogen habe.

falsche Zeugen nach Bibel und Talmud« darstellen wollen, ergiebt sich als Eintheilung der Darstellung von selbst,

1) Das Zeugengesetz im Anschluss an den Text Deuter. 19, 16—21.
2) Die traditionelle Auffassung des Zeugengesetzes, unter Berücksichtigung der Normen für den Zeugenwiderspruch, so weit sie mit der Ueberführung im Zusammenhang stehen, beziehungsweise zu derselben in Gegensatz treten.

I.

Die Ueberführung und Bestrafung der falschen Zeugen beruht auf dem Gesetze Deut. 19, 16— 21: »Wenn ein Zeuge des Unrechts auftritt gegen Jemand, um gegen ihn Abweichendes zu zeugen, so sollen die beiden Männer, die den Streit haben, hintreten vor den Ewigen, vor die Priester und Richter, die in jenen Tagen sein werden. Und die Richter sollen genau erforschen, und ist der Zeuge ein falscher Zeuge, hat er Lüge gezeugt gegen seinen Bruder, so sollt ihr ihm thun, wie er gedacht seinem Bruder zu thun, und du sollst das Böse aus deiner Mitte schaffen; und die Uebrigen werden es hören und sich fürchten und nicht mehr thun wie diese böse Sache in deiner Mitte. Dein Auge soll nicht schonen: Leben für Leben, Auge für Auge, Zahn für Zahn, Hand für Hand, Fuss für Fuss«. —

V. 16a: כי יקום עד חמס באיש.

In dem unmittelbar vorhergehenden Verse ist dem Einzelzeugen jede Beweiskraft abgesprochen worden, und kann daher das folgende Gesetz nur von einem auf der Aussage zweier Zeugen beruhenden Zeugnisse sprechen. Darum übersetzt das Targ. jerusch. unsere Stelle: ארי יקומון סהדין שיקרין »wenn falsche Zeugen sich erheben werden«, in der Pluralform, und es gilt nach Babli Sota 2b als allgemeine Regel, dass überall, wo die Schrift den Ausdruck עד gebraucht, von zwei Zeugen die Rede sei: כל מקום שנאמר עד הרי כאן שנים, es sei denn, dass zur genauen Bezeichnung des Einzelzeugen ausdrücklich אחד hinzugefügt sei: מטשמע שנאמר לא יקום עד באיש אני יודע שהוא אחד זה בנה אב כל מקום שנאמר עד הרי כאן שנים עד שיפרוט לך הכתוב אחד. Der Begriff bedeutet nämlich nicht sowol »Zeuge«, als »Zeugniss«, ((לשון עדות) wie Raschi erklärt,) und so wird auch in den Targumin עד bald mit dem Abstractum סהדו, bald mit dem Plural סהדין übersetzt[12]). Mit der Singularbezeichnung עד dürfte wohl auf die völlige Einheit der beiden Zeugen hingewiesen sein, die sich sowol in der völligen Uebereinstimmung ihrer Aussagen documentiren muss, als auch namentlich in der gegenseitigen Verantwortlichkeit der Zeugen zur Geltung kommt, die der eine ohne den andern zu tragen nicht verpflichtet werden kann[13]). Unserer Auf-

---

[12]) Keil erklärt in seinem Commentar zu Deuter., dass V. 16 עד חמס von einem Zeugen rede und die Schrift gebiete, das Zeugniss eines Einzelnen nicht ganz unbeachtet zu lassen, sondern Anklagen dieser Art an das höhere Gericht beim Heiligthum zu verweisen. Allein dann müsste, da V. 15 לא יקום עד אחד betont, hier das Einzelzeugniss mit Nachdruck hervorgehoben werden, und es also statt כי יקום עד חמס heissen: כי יקום עד אחד; es wäre auch nicht abzusehen, warum das Einzelzeugniss immer ein »Zeugniss der Gewalt« עד חמס sein muss. Ferner müsste dann ein Einzelzeuge in jedem Falle, ob er wahr oder falsch spricht, an das höhere Gericht gewiesen werden und nicht blos, wenn er Lügenzeuge ist; unsere Verse sagen aber nur von Lügenzeugen, dass sie vor Gericht treten sollen. (Vgl. Dr. Hoffmann: Der oberste Gerichtshof, Seminarprogramm 1877/1878 S. 15).

[13]) Maccoth 5 b: אין העדים זממין נהרגין עד שיווזמו שניהם. »Die falschen Zeugen werden nicht eher hingerichtet als bis sie beide der Lüge überführt sind«. Zum Verständniss der späthebräischen, technischen Ausdrücke, die in unserer Abhandlung häufiger wiederkehren, sei hier ein für allemal bemerkt: עד זומם bezeichnet in der späthebräischen Literatur den »falschen Zeugen«, weil sich die Schrift bei dem Gesetz über falsches Zeugniss des Ausdrucks bedient: כאשר זמם לעשות לאחיו. Das Verbum זמם, welches in der Mischnasprache sehr oft in diesem übertragenen Sinne gebraucht wird, kommt vor, 1. im Kal mit der Bedeutung: falscher Zeuge werden, 2. im Niphal in derselben Bedeutung, 3. im Hiphil in dem Sinne: jemand zum falschen Zeugen machen.

fassung folgt auch der Karäer Aron ben Elia in כתר תורה, indem er zu den Worten: כי יקום עד bemerkt: כי טעמו עדות עד אחד אומר עדות שאינו מקום וכל יקובל לא אחד עד. »Die Schrift meint ein gültiges Zeugniss von mindestens zwei, da ein Zeuge nicht angenommen wird; wo die Schrift das Einzelzeugniss bezeichnen will, fügt sie ausdrücklich אחד hinzu.« Offenbar sind die Karäer trotz ihrer Berufung auf den Text der Bibel an unserer Stelle für die traditionelle Lehre nicht unempfänglich gewesen, die sie übereinstimmend wiedergeben. Der falsche Zeuge wird hier עד חמס und V. 18 עד שקר genannt; letzteres ist er insofern, als seine Aussage lügenhaft und falsch ist, ohne Rücksicht auf die practischen Folgen seiner Aussage; עד חמס wird er dadurch, dass seine Aussage die ungerechte Verurtheilung des Angeklagten herbeiführt, und er also eine Gewaltthat חמס gegen ihn verübt. Daher auch Sifre: אין חמס אלא גזלן, weil er in gewaltthätiger Weise seinem Nebenmenschen Gut oder Leben rauben will.

V. 16b: לענות בו סרה.

Die Auffassung ist unter den Erklärern streitig. Einige finden darin zugleich den näheren Inhalt der Anklage, auch das Verbrechen ausgedrückt, das dem Angeschuldigten von den falschen Zeugen zur Last gelegt wird, (Ibn Esra, Keil, Schröder) indem die Zeugen von Jemand aussagen, er habe sich סרה d. h. nach Ibn Esra »der Abweichung zum Götzendienst«, nach Schröder und Keil »der Uebertretung des Gesetzes überhaupt« schuldig gemacht. Die Pharaphrasen rechtfertigen diese Erklärung. Die LXX übersetzen geradezu: καταλέγων αὐτοῦ ἀσέβειαν, und ihnen schliessen sich die Vulgata: accusans eum praevaricationis, der Syrer: ונסהד עלוהי עולא und der Samaritaner: למלבטה. בה. סטו (ad testandum in eum defectionem) an. Dass diese Auffassung der Paraphrasen, nämlich in לענות בו סרה zugleich das Verbrechen zu finden, welches dem Angeklagten fälschlich zur Last gelegt wird, auch bei Tanaiten selbst ihre Vertreter findet, lässt sich aus Tosefta Sanhedrin XI, 5 erweisen. Allein sowol die Sünde des Götzendienstes, als auch die Gesetzesübertretung im Allgemeinen dürfte sich schwer rechtfertigen lassen, wenn man bedenkt, dass in V. 21 nicht nur von falschem Zeugnisse über Leben und Tod (נפש בנפש), sondern auch über Schäden und Verletzungen die Rede ist (עין בעין u. s. w.), die man nicht gut mit סרה, mit »Zeugniss des Abfalls oder der Gesetzesübertretung« bezeichnen kann. Vielmehr beweisen Stellen wie Deuteronomium 13, 6: כי דבר סרה על ה׳, Jeremia 28, 16: כי סרה דברת על ה׳, das. 29, 32: כי סרה דבר על ה׳, dass mit סרה jedesmal nicht sowol der Inhalt, als vielmehr die Qualität der Rede bezeichnet wird als סרה, als »etwas Abweichendes« (scil. von der Wahrheit) »Falsches«. An den beiden Stellen in Jeremia wird den falschen Profeten nicht der Vorwurf gemacht, dass sie zum Abfall von Gott gerathen hätten, (das dürfte דבר סרה על ה׳ schwerlich heissen können), sondern dass sie im Namen Gottes etwas verkündet hatten, wozu ihnen kein Auftrag von Gott geworden (אני לא שלחתיו, לא שלחך ה׳), ihre Aussage war also סרה »abweichend«, »falsch«, wenn sie auch an sich nichts Gesetzwidriges enthielt. (S. Hirsch Commentar zu Deuter. 13, 6). Jeremia spricht (28, 15) zu dem Profeten Chanania: Gott hat dich nicht gesandt ואתה הבטחת את העם הזה על שקר. »und trügerisch hast du dieses Volk in Vertrauen gewiegt«; darum die Weissagung (V. 16), dass er sterben müsse, weil er »Lügenhaftes« als Profet des Herrn verbreitet. Es ist hier סרה dem vorhergehenden על שקר vollständig correlat und kann hier nicht »Abtrünnigkeit«, »Abfall« bedeuten, weil Chanania dies nicht gepredigt, sondern nur im Namen Gottes (V. 11) die baldige Befreiung in Aussicht gestellt hat, wozu ihm von Gott kein Auftrag geworden war. Ebenso wird Jer. 29, 31. das als שקר hingestellt (ויבטח אתכם על שקר), was gleich darauf (V. 32) סרה genannt wird. Auch an letzterer Stelle hatte Schemajahu nicht Abfall von Gott verkündigt, sondern sich nur an Stelle des Priesters Jojada zum Priester aufgeworfen (V. 26). Es kann also auch hier סרה nicht Abfall bedeuten. Auch Jesaia 59, 13 wird סרה in einer Verbindung gebraucht, die die Bedeutung »Abtrünnigkeit von Gott«

nicht gut zulassen kann. In dem Sündenregister wird daselbst auch gesagt V. 13 b: דבר עשק וסרה הרו והגו מלב דברי שקר. Nach der in dem ganzen Satze streng aufrecht erhaltenen Gliederung kann סרה hier dem דברי שקר entsprechend nur »Lüge« bedeuten. Im ersten Halbverse ist von den Vergehungen gegen Gott in einem prägnanten Parallelismus die Rede: פשע וכחש בה' — ונסוג מאחר אלהינו, und im zweiten Gliede von der Sünde gegen den Nebenmenschen, den man vor Gericht mit »Gewalt und Lüge« zu hintergehen sucht; nur durch die von uns gegebene Erklärung des סרה mit »Lüge« wird auch im 2. Halbverse der Parallelismus der Glieder hergestellt: דבר עשק וסרה -- הרו והגו מלב דברי שקר. Ferner wäre die Verbindung »Gewalt und Abfall reden«, um damit die Ungerechtigkeiten vor Gericht zu bezeichnen, mindestens eine gesuchte, während die Verbindung von »Gewalt und Lüge« eine sehr natürliche ist, da beide Begriffe auf das Recht angewendet, sich fast decken; wir brauchen ja nur an unseren Gegenstand zu denken, wo der Lügenzeuge geradezu עד חמס »Zeuge der Gewalt« genannt wird. Diese Identificirung der »Gewalt« mit der »Lüge« ist der jüdischen Anschauung so geläufig, dass das Targum דבר עשק mit שקר ממללין übersetzen kann. Delitzsch in seinem Commentar zu Jesaia 59, 13 hat die richtige Bedeutung von סרה als mit שקר identisch empfunden, aber er ist so sehr von der üblichen Auffassung der Paraphrasen abhängig, dass er ihm die Bedeutung »Lüge« erst auf Umwegen vindiziren kann. Er erklärt סרה »Abweichendes«, »d. i. dem Gesetz und der Wahrheit Widersprechendes«. Aber warum nicht frischweg blos »der Wahrheit Widersprechendes«? Freilich ist es auch dem Gesetz Widersprechendes, aber das ist hier nicht gesagt und ist von פשע וכחש בה' ebenso selbstverständlich wie von dem der Wahrheit Widersprechenden. Auch die Stelle Deuter. 13, 6 kann nur übersetzt werden: »weil er Lügenhaftes über den Ewigen euren Gott gesagt«, d. h. im Namen Gottes verkündet hat, was ihm nicht aufgetragen war. Ibn Esra ergänzt zu סרה das Wort דָּבָר (תחסר מלת דבר), woraus hervorgeht, dass auch er es nicht als »Abfall von Gott«, sondern als »Lüge« gefasst hat. Der Profet, der etwas im Namen Gottes verkündigt, wozu er keinen Auftrag hatte, erklärt Ibn Esra, ist selbst dann strafbar, wenn seine Absicht eine gute und gottgefällige war. Er will z. B. dem Götzendienste steuern und sagt: Gott habe ihm befohlen das Volk davon abzuhalten. Und so erklärt auch Raschi mit deutlichen Worten סרה als etwas »Entferntes«, »Abweichendes« »Falsches«. (דבר המוסר מן העולם שלא היה ולא נברא). Deutlicher noch spricht sich Siporno in unserem Sinne aus, dass er desshalb strafbar ist, weil er »Lügenprofet« ist, nicht weil er etwa zum Götzendienste gerathen [14]). R. Elia aus Wilna fasst es genau dem שקר der Lüge entsprechend auf, indem er in אדרת אליהו zu Deuter. 13, 6 erklärt: »denn סרה bedeutet »Lüge«, wie es bei den עדים זוממין heisst: לענות בו סרה« [15]). Jedenfalls steht demnach für die vier Stellen Deuter. 13, 6, Jesaia 59, 13, Jer. 28, 16. 29, 32 die Bedeutung des Wortes סרה als »Lüge« fest, und wir können trotz der Erklärung der Paraphrasen auch an unserer Stelle: לענות בו סרה nur übersetzen: »Lügenhaftes, von der Wahrheit Abweichendes gegen ihn zu zeugen« [16]). In כתר תורה wird mit Recht auf Mischle 18, 23: ועשיר יענה עזות hingewiesen, wo עזות nur als Bezeichnung der Modalität der Rede erscheint: »der Reiche antwortet frech«, und so erklärt er auch hier: סרה mit עדות סרה והרצון d. h. der falsche Zeuge sagt ein »lügenhaftes Zeugniss«, seine Aussage ist falsch. Im ersten Augenblick kann man zur Annahme geneigt sein, dass die Targumim (Onkelos u. Targ. jerusch.) sich mit der Uebersetzung unserer Worte mit: לאסהדא ביה סטיא ebenfalls

---

[14]) אע״פ שדבר בשם ה׳ ולא בשם ע״ז . . . . הנה זה היוב מיתה מפני שדבר סרה בשמו »Obgleich er gesprochen im Namen des Ewigen und nicht eines Götzen, ist er doch todesschuldig, weil er Falsches in seinem Namen geredet hat.«

[15]) כי סרה הוא שקר.

[16]) Die arab. Uebersetzung der Londoner Polyglotte folgt allein merkwürdigerweise unserer Auffassung: ليشهد عليه بمحال ad testandum in eum falso.

der Auffassung der anderen Paraphrasen anschliessen; so nimmt Levy in seinem neuhebr. Lexikon in der That an, wenn er s. v. סטיא bemerkt: »Abtrünniges, Abtrünnigkeit, Abfall«; demgemäss übersetzt er: לאסהרא ביה סטיא mit: »Abtrünniges gegen ihn zu zeugen«, u. Deut. 13, 6: סטיא מליל על ה׳, »er hat Abfall gegen Gott gesprochen«. Allein in erster Linie heisst סטיא (von סטא »abweichen«) nur »Abweichendes«, und kann darin die Bdtg. »Lüge« ebenso gut zu suchen sein wie die Bdtg. »Abfall«; wenn man nun ferner bedenkt, dass Onkelos und Targum jerusch. die halachische Auffassung sehr wol kennen, namentlich letzteres bei unserem Gegenstande durch ausführlichere und deutliche Paraphrasirung der Halacha gerecht wird, so gewinnt es an Wahrscheinlichkeit, dass beide Targumim mit לאסהרא ביה סטיא das ausdrücken wollten, was wir unter סרה לענות בו verstehen: Lügenhaftes zu bezeugen. Mit dem ungewöhnlichen סטיא für שיקרא werden sie eben nur unserem Texte gerecht, der ebenfalls in den Ausdrücken wechselt[17]). Unsere Vermuthung, dass die Targumin unsere Auffassung des סרה theilen, wird bestätigt, wenn man das Targum zu den besprochenen Stellen in Jesaia und Jeremia vergleicht. Wir haben nachgewiesen, wie an allen diesen Stellen סרה nur Lüge heissen kann, und überall übersetzt das Targum סטיא; Jerem. 28, 16: ארי סטיא מלילתא קדם ה׳, Jerem 29, 32: ארי סטיא מליל קדם ה׳. Ich meine, dass die Worte קדם ה׳ jeden Gedanken ausschliessen unter סטיא »Abfall von Gott« verstehen zu wollen. Interessant ist das Targum zu Jesaia

---

[17]) Gerade der Umstand, dass die Schrift ein lügenhaftes Zeugniss nicht mit שקר, sondern mit dem ungewöhnlichen סרה bezeichnet, veranlasst R. Jsmael zu seinem Schlusse (Maccoth 5 b), dass die Zeugen nur dann als falsche strafbar sind, wenn sie gar nicht Augenzeugen des Verbrechens, gar nicht am Orte der That waren. (עד שתזום גופה של עדות.)

Auch Sifré zitirt im Anschluss an den Ausdruck »sara« die Mischna Maccoth, in welcher der Grundsatz mit deutlichen Worten zum Ausdruck kommt, dass unser Gesetz nur die eines Alibi überführten Zeugen zur Wiedervergeltungstrafe verurtheile. Ebenso Tosefta Maccoth 1, 1. —

59, 13, wo es die Textesworte דבר עשק וסרה mit ממללין שקר וסטיא übersetzt, und also unbedenklich beide Begriffe als identisch nebeneinander stellt. Das Vermeiden dieses Wortes an Stellen, wo סרה wirklich »Abfall, Sünde« bedeutet, zeigt ebenfalls, dass die Bdtg. »Abtrünnigkeit, Sünde« für סטיא das Ungewöhnlichere ist. So steht סרה Jesaia 1, 5: עוד הוסיפו סרה und Jesaia 31, 6: לאשר העמיקו סרה. Wie kommt es aber nun, dass das Targum gerade an diesen Stellen, wo die Bdtg. von סרה zweifellos ist, sein סטיא (dessen eigentliche Bedeutung nach Levy doch »Abtrünnigkeit, Abfall,« sein soll) nicht wählt, sondern an ersterer Stelle: עוד מוספין למחטי, an letzterer: ארי אסגיתון למחטי paraphrasirt? Einfach aus dem Grunde, weil סטיא das nicht besagt, was סרה hier ausdrückt und was das Targum durch למחטי auch richtig umschrieben hat[18]). —
V. 17 und 18.

ועמדו שני האנשים אשר להם הריב לפני ה' לפני הכהנים והשפטים אשר יהיו בימים ההם. ודרשו השפטים היטב והנה עד שקר העד שקר ענה באחיו.

Aus den Worten לפני ה' wollen einige Erklärer ableiten, dass hier vom obersten Gerichtshofe beim Heiligthume die Rede sei, vor den Anklagen wegen falschen Zeugnisses gebracht werden mussten[19]). Indess wird mit לִפְנֵי ה' nur ausgesagt, dass Jeder, der vor Gericht erscheint, zugleich vor Gott hintrete, weil bei jedem Gericht Gott als anwesend gedacht wird[20]). Es kann also unser Vers auch von gewöhnlichen Ortsgerichten sprechen, denen nach Deuter. 17, 5 ein Todesurtheil zu fällen gestattet war und die Befugniss über Leben und Tod zustand, so lange nämlich der oberste Gerichtshof

---

[18]) Die exegetisch durchaus unhaltbare Auffassung des Abrabanel u. A., welche zu V. 16 b. ein ganz neues Subject suppliren, nämlich andere Zeugen, welche die ersten dadurch als »Zeugen der Gewalt« hinstellen, dass sie dieselben des סרה d. h. der Abwesenheit vom Thatorte beschuldigen, ihnen ein Alibi nachweisen, wollen wir nur vorübergehend erwähnen.

[19]) Saalschütz: Mos. Recht, Keil: Commentar.

[20]) Von Dr. Hoffmann: Oberster Gerichtshof, Seminarprogramm 1877/1878 S. 15 näher nachgewiesen.

in der Nähe des Altars seinen Sitz hatte. Während den שפטים die Pflicht oblag, die Aussagen der Zeugen zu prüfen, ihre Uebereinstimmung zu untersuchen, kurz mehr die inquisitorische Seite des Prozesses zu leiten, (ודרשו השפטים), waren die כהנים die gesetzeskundigen Lehrer, welche nach Klarlegung der Sachlage entschieden, welche gesetzliche Vorschrift bei vorliegendem Verbrechen ihre Anwendung finde [21]).

Die Auffassung dieser beiden Sätze ist für unser Gesetz von Wichtigkeit. Die neueren Exegeten verstehen unter שני האנשים die beiden Parteien, die einen Streit miteinander haben. Allein von vornherein ist diese Annahme sehr unwahrscheinlich, denn wie in V. 21 נפש בנפש beweist, kann auch ein Zeugniss über verübten Mord vorliegen, wobei von streitenden Parteien, die vor Gericht hintreten, überhaupt nicht gesprochen werden kann. Dazu kommt ein sprachliches Moment, welches diese Annahme ausschliesst. Die Worte אשר להם הריב können unmöglich der Streit heissen, der unter den Parteien ist — das könnte nur durch אשר ביניהם הריב ausgedrückt werden, wie die Stellen Deuter. 25, 1, Gen. 13, 7, 13,8 zur Genüge beweisen. Die Leute, אשר להם הריב, haben eine gemeinsame Streitsache, die sie vereint gegen einen Dritten führen. So von Gott Hosea 4, 1: כי ריב לה׳ עם ישבי הארץ, Hosea 12, 3: וריב לה׳ עם יהודה, Jeremia 25, 31: כי ריב לה׳ בגוים. Es könnte also hier höchstens nur von einer Partei die Rede sein; aber auch diese Annahme müssen wir fallen lassen. Handelt es sich hier doch überhaupt nicht um die Rechtsansprüche der Parteien, sondern lediglich nur um die Bestrafung der falschen Zeugen, deren Lügenhaftigkeit durch die Inquirirung dieser »beiden Männer« dargethan werden soll. Es bleibt uns die am meisten wahrscheinliche Annahme, שני האנשים mit der Tradition auf die Zeugen zu beziehen. Doch von welchen Zeugen spricht unser Vers? Durch die Inquisition welcher Zeugen wird die lügenhafte

---

[21]) Hoffmann a. a. O. auch Abrabanel.

Aussage entdeckt? Die Zeugen, die sich der Untersuchung unterziehen, sind Männer, die einen gemeinsamen Streit führen. Sollten damit die lügenhaften Zeugen selbst gemeint sein und ihre Lügenhaftigkeit sich demnach durch ihre eigenen Widersprüche offenbaren, so ist nicht abzusehen, warum die Zeugenschaft, die bereits V. 16 mit עד חמס genannt ist, nun noch in V. 17 durch die Determination האנשים אשר להם הריב eingeführt zu werden braucht. Handelt es sich ferner in V. 21 auch um Körperverletzungen und Geldschäden, wie es durch עין בעין u. s. w. entschieden erwiesen ist, so ist es unbegreiflich, warum die Zeugen als solche bezeichnet werden אשר להם הריב. Ihr Streit gegen den einen ist zugleich eine Parteinahme für den andern; wie auch ihre Aussage lauten mag, werden sie innerhalb der streitenden Parteien selbst zur Partei. Wo die streitenden Parteien aber selbst in Person vor uns sind, die Zeugen als solche zu bezeichnen אשר להם הריב κατ' ἐξοχήν, ist jedenfalls sehr unpassend. Wir werden so zu der Annahme der jüdischen Tradition geführt, dass die lügenhafte Aussage eruirt wird nicht durch die Widersprüche, in die sich die falschen Zeugen vor Gericht verwickeln, sondern durch die Aussage einer neu auftretenden Zeugenpartei, die mit V. 17 eingeführt wird, die ersten Zeugen der Lüge beschuldigt und ihre Bestrafung wegen falscher Zeugenaussage herbeiführt. Wie bereits bemerkt, kennt der mos. talmud. Prozess keine Anklage durch einen Staatsanwalt, sondern jedes Verbrechen muss von mindestens zwei Augenzeugen bestätigt sein, welche selbst die Anklage gegen den Verbrecher zu erheben verpflichtet sind; wir sehen, dass das Verbrechen des falschen Zeugnisses von dieser Regel keine Ausnahme bildet und von zwei Männern bezeugt sein muss, die ihre »Anklage,« (in welcher Bedeutung ריב hier zu fassen ist), gegen die Lügenzeugen bei den Richtern erheben. (Aus einer Vorlesung bei Dr. Hoffmann).

Ob die Versionen unserer Auffassung folgen und unter den »beiden Männern« ebenfalls eine neue Zeugenpartei verstehen, lässt sich aus ihnen bei der durchgehends wörtlichen Uebertragung der Worte: אשר להם הריב nicht entnehmen. Nur Targ. jerusch. beweist durch die ausführliche Paraphrasirung des V. 18, dass es in allen Theilen die traditionelle Auffassung bestätigt. Gleich die ersten Worte: ויתבעון דייניא להסהדין דמזמין יתהון zeigen, dass wir es hier mit einer neuen Partei zu thun haben, welche die erste anklagt, und deren Angaben mit ודרשו השפטים היטב Gegenstand der richterlichen Untersuchung werden[22]) und zur Entdeckung des falschen Zeugnisses führen. Auf welche Weise die Zeugen der Lügenhaftigkeit überführt werden, wird nicht näher mitgetheilt.

Die Worte והנה עד שקר העד שקר ענה באחיו bilden nach der massoretischen Punktation zwei Sätze mit der Pause nach dem zweiten העד; dieses Wort selbst ist Substantiv: »der Zeuge«. Auffallend ist es, dass die meisten Paraphrasen העד als Verbalbegriff aufgefasst und in Folge dessen incorrect zusammengezogen haben. So die LXX: καὶ ἰδοὺ μάρτυς ἄδικος ἐμαρτύρησεν ἄδικα, ἀντέστη κατὰ τοῦ ἀδελφοῦ αὐτοῦ »und siehe, ein ungerechter Zeuge bezeugte Ungerechtes, erhob sich gegen seinen Bruder«. Offenbar lassen die LXX erst nach dem

---

[22]) Eine Erklärung lässt in den Worten ודרשו השופטים היטב die falschen Zeugen selbst einer nochmaligen Prüfung ihrer Aussage auf Grund der (V. 17) gegen sie erhobenen Anklage wegen falschen Zeugnisses unterziehen und als Resultat der richterlichen Untersuchung nicht nur ihre Abwesenheit vom Thatorte, sondern auch durch ein erneutes Kreuzverhör die Unwahrheit ihrer Aussagen an sich darthun. Indessen ist nirgends davon die Rede, dass nach dem Auftreten der überführenden Zeugen eine Wiederaufnahme der Gerichtsverhandlung mit den ersten Zeugen, gewissermassen eine Revision ihrer bereits gemachten Aussagen stattfindet; vielmehr wird diese als abgeschlossen betrachtet und müssen sich die zweiten Zeugen, da sie eine neue Anklage erheben, einer genauen Prüfung ihrer Angaben durch die vorschriftsmässige Jnquirirung unterziehen, ob auch ihre Zeit- und Ortsangaben mit den bereits vorliegenden der ersten Zeugen verglichen, die Lügenhaftigkeit derselben unbestreitbar ergeben. Mit Raschi werden wir demnach in V. 18 nicht eine nochmalige Jnquisition der ersten Zeugen, sondern eine Prüfung und Erforschung der überführenden Partei erblicken, welche durch die Worte (in V. 17): שני האנשים eingeführt ist.

zweiten שקר die Pause eintreten und lesen[23]): והנה עד שקר העיד שקר; ebenso liest die Vulgata, welche ausserdem ענה gänzlich ignorirend die zwei Glieder in einen Satz vereinigt: invenerint falsum testem dixisse contra fratrem suum mendacium. So auch der Syrer: ונחזון אן סהרותא דגלתא בעא הוא דנסהד על אחוהי ac videbunt (scil. judices), si testimonium falsum intendebat testari contra fratrem suum, und das Targ. Sam.: והא. סער. שקר. אסיד. שקר. לבט. באחיו. et ecce testis mendax testatus est, mendacium testificatus est contra fratrem suum[24]).

Die Worte von והנה bis באחיו sind eingeschaltete Umstandssätze zu dem Hauptsatze V. 19: »Und findet sich, dass ein falscher Zeuge der Zeuge ist und er Lüge ausgesagt gegen seinen Bruder«, —

V. 19a: ועשיתם לו כאשר זמם לעשות לאחיו.

Um die Auffassung dieses Verses dürfte sich die grosse Differenz zwischen Sadduzäern und Pharisäern drehen, die in ihren praktischen Folgen für die mosaisch-talmudische Rechtspflege sehr verhängnissvoll gewesen ist. Es handelt sich nämlich um die Frage, welche Folgen das falsche Zeugniss für den Angeklagten gehabt haben muss, um eine Straffälligkeit der Zeugen zu begründen, und nun behaupten die Sadduzäer: nicht eher sind die Zeugen strafbar, als bis auf Grund ihrer Aussage der unschuldig Angeklagte hingerichtet worden ist. Da die Zeugen demnach ihr böses Vorhaben durchgesetzt haben müssen, so kann nach der Lehre der Sadduzäer: כאשר זמם לעשות nur so viel heissen als: כאשר זמם ועשה »so wie er gedacht seinem Bruder zu thun und auch wirklich gethan hat«. So erklärt auch der Karäer Aron ben Elia in כתר תורה zur Stelle, der, nachdem er die traditionelle Erklärung als »leere Luftworte« דברי רוח verworfen hat, bemerkt: כי המקור יבוא במקום הפעולה der Infinitiv

---

[23]) Vielleicht daraus entstanden, dass die LXX nach einem unvocalisirten Text übersetzt haben.

[24]) Auffallender indess muss es sein, wenn auch תיקון סופרים und der Verfasser des מנחת כליל bei dem Worte העד von einem fehlenden Jod sprechen und also ebenfalls הֵעֵר = הֵעִיד gefasst haben.

stehe an Stelle des verbum finitum und als Beweis Deuteron.
22, 21: לזנות בית אביה anführt. Indess vertritt hier so wenig
wie dort der Infinitiv die Stelle des verbum finitum, sondern
schliesst sich Deuter. 22, 21 dem verbum finitum zur näheren
Inhaltsbezeichnung an. Dort heisst es nämlich: כי עשתה נבלה
בישראל לזנות בית אביה »denn sie beging eine Schandthat in
Israel Unzucht zu treiben im Hause ihres Vaters«. Die
Vergangenheit der Handlung ist bereits durch עשתה נבלה gegeben, und zur näheren Bezeichnung der Handlung tritt
richtig der Infinitiv לזנות als reine Infinitivform hinzu. Beispiele dieser Art sind: החלות להראות Deuteron. 3, 24. ויחדלו
לבנות Gen. 11, 8. מהרת למצא Gen. 27, 30, wo der Infinitiv
den Hauptbegriff enthält, während im verbum finitum die
temporale oder modale Beziehung desselben gegeben ist. Auch
an unserer Stelle wird die »Handlung« des Infinitivs durch
das verbum finitum näher dargestellt nicht als wirkliche
»That«, sondern als eine »Handlung in Gedanken«; auch
hier ist im verbum finitum die Modalität der Handlung gegeben. (Vgl. Gesen. Gram. § 142). Zur Bezeichnung der
Modalität steht זמם sehr häufig mit folgendem Infinitiv, so:
Gen. 11, 6. Psalmen 31, 14. Klagelied 2, 17. Secharjah 8, 14.
An andern Stellen tritt das verbum זמם gerade in Gegensatz
zu עשה, so Klagelied 2, 17. Jeremia 51, 12: גם זמם ה' גם עשה
oder Secharia 8, 14. u. 15. Selbst wenn also auch der Infinitiv die Stelle des verbum finitum vertreten könnte, so
wäre es doch mehr als auffallend gerade bei unserm Verbum,
wenn durch eine Fassung כאשר זמם לעשות eine so eclatante
Veranlassung zu Missverständnissen gegeben wäre, und sicher
hätte es die Schrift nicht unterlassen כאשר זמם ועשה zu
schreiben, wenn sie diese Bedeutung in der That beabsichtigt
hätte. — Die Pharisäer dagegen fassen כאשר זמם streng nach
dem Wortsinne und behaupten, dass schon die böse Absicht
allein zur Bestrafung wegen falschen Zeugnisses genüge.
Wie weit aber nach den Pharisäern die Verhandlungen ge-
diehen sein müssen zur Straffälligkeit der falschen Zeugen,
werden wir weiter darzustellen haben.

V. 19b: ובערת הרע מקרבך.

Onkelos übersetzt: הרע mit עביד דביש »der Uebelthäter«, ebenso Targ. jeruschal. עבדי דביש »die Uebelthäter« (der Plural in Rücksicht auf die Tradition, welche zur Straffälligkeit die Ueberführung beider fordert,) und würde nach den Targg. also der Vers besagen: »du musst den Verbrecher aus deiner Mitte schaffen«. An und für sich wäre hiergegen nichts einzuwenden, da הרע ebenso wol »das Böse«, wie »der Böse« heissen kann; indess kann es hier nur erstere Bedeutung haben, weil mit der Vollstreckung der Wiedervergeltungsstrafe wol jedesmal das vollbrachte Böse, nicht aber immer der Böse aus der Welt geschafft wird. Gibt es ja doch ausser der Todesstrafe auch noch körperliche Züchtigung und Vermögensstrafen, für die man die Uebersetzung der Targg. gar nicht anwenden kann. Auch an andern Stellen bedeutet: ובערת הרע מקרבך durchaus nur: »das Böse wegschaffen,« so Deuter. 22, 21: ובערת הרע .... עירה אנשי וסקלוה; sollte es sich auf die Person beziehen, so müsste es offenbar הרעה heissen. Ferner Deuter. 22, 24: ובערת הרע ... והוצאת את שניהם, ebenso Deuter. 22, 22: ובערת הרע ... שניהם גם ומתו, wo es jedesmal הרעים heissen müsste, wenn die Schrift die Vernichtung der Uebelthäter hätte ausdrücken wollen[25]). Richtig fassen es auch die LXX und der Syrer, indem erstere: τὸ πονηρὸν ἐξ ὁμῶν αὐτῶν übersetzen, letzterer: ובערו בישתא überträgt, d. i. et extirpate scelus de medio tuo; das »malum« der Vulgata bietet für ihre Auffassung keinen sichern Anhaltspunkt.

V. 20: והנשארים ישמעו ויראו ולא יספו לעשות עוד כדבר הרע הזה בקרבך.

Auf Grund dieser Worte musste die Bestrafung wegen falschen Zeugnisses zur Warnung öffentlich verkündet werden. Vier Verbrechen gab es, deren öffentliche Verkündigung im allgemeinen Interesse geboten war: der Verführer zum Götzendienst (Deuter. 13, 12.), wer sich auflehnte gegen die

---

[25]) Siehe Commentar Luzzattos zur Stelle.

oberste Behörde (Deuter. 17, 13), falsche Zeugen (Deuter. 19, 20), und der widerspenstige Sohn (Deuter. 21, 21). Während jedoch bei den übrigen Verbrechen die Verkündigung an die Gesammtheit des Volkes ergeht, heisst es bei falschen Zeugen nur והנשארים ישמעו »die Uebrigen sollen es hören«, womit also die Verkündigung nur für einen beschränkten Kreis des Volkes bestimmt wird, weil nämlich eine grosse Zahl des Volkes zum Zeugnissablegen nicht befähigt war. (Sanhedrin 89). Deutlich lässt Targ. jerusch. die öffentliche Warnung an die »übrigen Frevler« ergehen, die Böses gegen ihre Nebenmenschen beabsichtigen, indem es übersetzt: ורשיעיא דמשתיירין ישמעון וידחלון. So fasst es auch Aron ben Elia in כתר תורה, indem er zu והנשארים bemerkt, הטעם מן כיוצא במינם dass sich die Warnung an die gleichgesinnten Uebelthäter wende. Indess ist Talm. Babli beizupflichten, der die Verkündigung an alle richten lässt, die überhaupt fähige Zeugen sein können; weil die Zahl derselben im mos.-talmudischen Rechte sehr eng begrenzt ist, spricht die Schrift nur von den »Uebrigen«, und nicht vom ganzen Volke.

V. 21: ולא תחום עינך נפש בנפש עין בעין שן בשן יד ביד רגל ברגל.
Die Talion. Die Auslegung dieses Gesetzes ist von der zu Exod. 21, 22—25. und zu Levit. 24, 19. 20. selbstverständlich abhängig. Nach Saalschütz (Mosaisches Recht S. 448) ist die factische Ausübung der Talion nur auf diese drei höchst seltenen Fälle beschränkt, und selbst bei diesen verkennt er nicht die Schwierigkeit der Annahme, dass sie jemals wirklich geübt worden sei. Zu den dort geltend gemachten formellen Bedenken sind noch gewichtige sachliche Schwierigkeiten hinzuzufügen, welche entgegen jener Annahme selbst in den wenigen Fällen und somit im mosaischen Rechte überhaupt die factische Ausübung der Talion unmöglich machen. Wollte man mit Saalschütz das jus talionis im mosaischen Rechte zwar nicht leugnen, aber nur auf die Verletzung einer schwangern Frau (Exod. 21, 22—25) und auf eine absichtlich und böswillig beigebrachte Verwundung beziehen (Levit. 19, 19), so könnte Deuter. 19, 16—21., wo

für die falschen Zeugen ebenfalls die Talionstrafe festgesetzt ist, nur für diese beiden höchst seltenen Fälle geschaffen sein und das Gesetz über falsche Zeugen, welche als Wiedervergeltungsstrafe dasselbe erleiden sollen, was sie durch ihre Aussage einem andern zugedacht, nur bei diesen beiden Verbrechen Anwendung finden; für die grosse Menge aller andern Verbrechen, deren man seinen Nächsten beschuldigen könnte, wäre bei falscher Aussage keinerlei Bestimmung gegeben. Man hätte ein Zeugengesetz, das in einer Gesetzgebung, namentlich aber im mos.-talmudischen Rechte, wo die Zeugen die einzigen Ankläger bilden, nicht fehlen darf und kann, nur für Aussagen auf seltene, eigenartige und eben darum ja mit Talionstrafe belegte Verbrechen. Allein ein Gesetz über falsches Zeugniss ist doch wol kein Gesetz für Ausnahmefälle, und schliesst auch die ganze Form des Gesetzes eine solche Annahme aus. Durch die von uns hinlänglich erwiesene Bedeutung als »Falsches« für das סרה in V. 16 ist die allgemeine Anwendung des Gesetzes ausser Frage gestellt[26]). Die in V. 21 genannten Verstümmelungen an einzelnen Gliedern als Strafe wegen falschen Zeugnisses könnte aber doch nur eintreten, wenn sich das Zeugniss auf solche Fälle bezieht, bei denen der fälschlich Angeklagte ebenfalls Verlust der einzelnen Gliedmassen zu erwarten hatte, also nur bei Zeugenaussagen auf das Stossen einer schwangern Frau oder über böswillig beigebrachte Verletzung. Eine Strafver-

---

[26]) Saalschütz muss die Consequenzen seiner Annahme nicht recht erwogen haben, dass, wenn den falschen Zeugen Talionstrafe treffen soll, seine Aussage auch den Inculpaten zu derselben verpflichten, auch ihn nur solcher Verbrechen bezichtigen muss, auf welche Talionstrafe gesetzt ist, das ist aber (nach Saalschütz) nur auf das unvorsichtige Stossen einer schwangern Frau oder auf böswillig beigebrachte Verletzung. Er widerspricht sich also, wenn er S. 563 behauptet, dass nach dem von ihm dem Worte »sarah« beigelegten Sinne Talion zuzuerkennen wäre, für jedes Zeugniss, welche Sache es auch irgend sei; dem ist nicht so, sondern zur Begründung der Talion musste die Aussage nur solche Verbrechen zum Inhalt haben, von denen Exod. 21, 22—25. und Levit. 24, 19. gesprochen wird.

ordnung für andere Verbrechen betreffende falsche Aussagen wäre demnach im ganzen Gesetze nicht zu finden — eine Consequenz, welche die Behauptung Saalschütz' in Bezug auf das Zeugengesetz jedenfalls als irrig erweist. In der That ist aber auch das Gesetz Exod. 21, 24. nicht auf den unmittelbar vorher genannten Fall allein zu beschränken. Wie aus dem Nachsatz hervorgeht, kann es weder auf das Weib allein (Jos. ant. 4, 8, 33. Targg.), noch auf Weib und Kind (Keil) bezogen werden, denn Brandmal, Wunde und Beule sind Verletzungen, die nicht durch indirecten Stoss der Raufenden entstehen können, sondern directes Schlagen mit der Hand notwendig voraussetzen. Es gilt vielmehr das Gesetz für jeden bei der Rauferei Betheiligten u. steht mit dem V. 18 u. 19. behandelten Gesetz im engsten Zusammenhang. Beide Gesetze als getrennte Fälle zu behandeln und etwa V. 18 u. 19 auf unabsichtliche Verletzung des Nebenmenschen, wobei nur Versäumniss- und Heilungskosten zu leisten wären, V. 24 u. 25 aber auf absichtlich in der Rauferei beigebrachte, böswillige Beschädigung des Nächsten zu beziehen, worauf die factische Talion gesetzt wäre, ist schon deshalb nicht statthaft, weil der einleitende Satz des letzteren Gesetzes וכי ינצו אנשים eine solche Annahme ausschliesst und von absichtlich beigebrachten Verletzungen auch Levit. 24, 19 ff. die Rede ist. Beide bilden vielmehr ein Gesetz, V. 24 u. 25 ist Ergänzungsgesetz zu V. 18 u. 19. Würden wir dieses Ergänzungsgesetz buchstäblich fassen, so kämen wir zu der seltsamen Consequenz, dass für unabsichtlich in der Rauferei beigebrachte Verletzungen eine ungleich höhere Strafe zu leisten sei, als für böswillige Verwundungen. Für erstere nämlich setzte V. 18 u. 19 Versäumniss- und Heilungskosten, V. 24 u. 25 die factische Wiederverstümmelung als Strafe fest, während für letztere Levit. 24, 19 nur Talion bestimmt. Ferner: Es sind V. 25 auch Verwundungen genannt, die, ohne mit Verlust eines Gliedes verbunden zu sein, vollständig heilbar sind u. wofür also der Thäter Versäumniss- und Heilungskosten zu tragen hatte.

Wollte das Gericht nun den Thäter der buchstäblichen Auffassung des V. 25 gemäss ebenfalls durch ein Brandmal, eine Wunde oder eine Beule verletzen, so wäre es wiederum zu seiner Heilung so wie zur Erstattung der Versäumnisskosten verpflichtet. Es dictirte ihm eine Strafe, die vollständig auszugleichen es auch verpflichtet wäre; ich glaube, eine solche Auffassung des Gesetzes wird niemand im Ernste vertheidigen wollen. Die Unwahrscheinlichkeit der buchstäblichen Auffassung der Talion für das Zeugengesetz wie für das Gesetz [27]) Exod. 21, 24 u. 25 haben wir hiermit dargethan. Im Allgemeinen sprechen noch folgende sachliche u. formelle Gründe dagegen:

1) Die Schrift findet für nöthig, bei vorsätzlichem Mord die Annahme eines Lösegeldes zu verbieten, Numeri 35, 31; mit Recht wird Ketuboth 35 u. Baba kama 83b hieraus der Schluss gezogen, dass damit die Annahme eines solchen bei andern Verletzungen gestattet sei.

2) Bei wirklicher, wenn auch unvorsätzlicher Tötung, (so Exod. 21, 22—25, wenn nur die Leibesfrucht stirbt, oder Exod. 21, 29—32., wenn ein stössiger Ochse einen Menschen getötet hat,) ist Lösegeld ausdrücklich gestattet, was die Annahme eines solchen bei weniger folgenschweren Verletzungen stillschweigend voraussetzt.

---

[27]) Wir haben also die Stelle Exod. 21, 18. 19. und 22—25 folgendermassen aufzufassen. Exod. 21, 18 spricht nur von Körperverletzungen im Allgemeinen ohne tödtlichen Erfolg, bei denen vom Thäter Versäumniss- und Heilungskosten zu tragen sind, ohne Rücksicht darauf, ob die Verwundung eine dauernde oder momentane Entstellung des Körpers, Verlust einzelner Gliedmassen u. s. w. zur Folge hatte. Es wird nur allgemein der Gedanke ausgesprochen: Jeder, der den Andern verwundet, muss Versäumniss- und Heilungskosten bezahlen. Ausser diesen Kosten, zu denen er an und für sich verpflichtet ist, wenn der Verwundete auch ohne jeden entstellenden Schaden wieder genesen wird, bestimmt das Ergänzungsgesetz V. 22—25 die Geldentschädigung für die dauernde Entstellung, Schmerz, persönlichen Minderwerth u. s. w., bei deren Fixirung freilich die Art der Verwundung sehr schwer ins Gewicht fallen muss.

Dazu kommen die formellen Bedenken, die der Talmud Baba kama 84a gegen die factische Talion geltend macht. Wie schwer musste die Ausführung eines solchen Gesetzes sein, wie schwer die Strafe jedesmal genau abzumessen und z. B. statt einer Beule nicht etwa eine Wunde zu schlagen. Dazu kommt die verschiedene Beschaffenheit der Persönlichkeiten; eine Verletzung konnte dem einen die empfindlichsten Schmerzen verursachen, während sie der andere kaum empfand, ja die Gliederverstümmelung konnte den Tod des Thäters herbeiführen, auch wenn er seinen Nächsten nur eines Gliedes beraubt hatte. Es wird dort ferner hervorgehoben, wie die Forderung, dem Beschädiger eines Auges oder eines Fusses wiederum ein Auge oder einen Fuss zu rauben, unmöglich zu erfüllen und zugleich ungerecht sei, da z. B. den Einäugigen ein ungleich grösserer Verlust mit dem Verlieren seines einzigen Auges trifft, als den Zweiäugigen, und seine völlige Blindheit kein gerechtes Aequivalent des Schadens ist, den er einem Zweiäugigen durch Ausschlagen eines Auges verursacht hat. Es ist klar, dass man gerade durch die consequente Durchführung des strengen Rechtes der Talion sich der grössten Ungerechtigkeit schuldig machen würde. Alle diese Gründe zusammengenommen, haben wir das sogen. Taliongesetz ohne jede Ausnahme überall nicht buchstäblich zu nehmen, sondern nur als allgemeine Bestimmung des Masses und der rechtlichen Norm zu betrachten, nach welcher man die Schädigung der Gesundheit des Nebenmenschen beurtheilen solle. (Michaelis, Salvador, Saalschütz). Das talmudische Recht und sämmtliche übrigen Traditionsquellen bestätigen die Annahme, dass die factische Talion zu keiner Zeit geübt worden ist, und erklären durchweg Geldentschädigung als entsprechende Bestrafung. (Baba kama VII, 1). Die Mechilta[28]) zu Exod. 21, 18 u. 19 u. 21, 22—25 sowol als auch Sifra zu Levit. 24, 19 u. 20 besprechen unser Ge-

---

[28]) Die Mechilta bringt in der That beide Stellen in Exodus miteinander in Zusammenhang. (Vgl. Abschn. 68, 76, 91).

setz im Sinne des talmudischen Rechts und führen mehr oder weniger vollständig auch die von uns beigebrachten Gründe an. Das Targ. jerusch. zu Exod. 21, 22—25 kennt ebenfalls nur die übertragene Bedeutung des biblischen Ausdrucks, wenn es übersetzt: דמי עינא חולף עינא דמי שינא חולף שינא דמי ידא חולף ידא דמי ריגלא חולף ריגלא »Den Werth des Auges gegen Auge, Werth des Zahnes gegen Zahn, Werth der Hand gegen Hand, Werth des Fusses gegen Fuss u. s. w.« —

Obgleich Brüll: Jahrbuch 1877 S. 59 Anm. vermuthet, dass die Auffassung des Taliongesetzes ebenfalls einen Differenzpunkt zwischen Sadduzäern und Pharisäern gebildet habe, so ist dies doch von anderer Seite mit Recht in Frage gestellt worden. Die einzige Stelle, worauf sich eine solche Annahme stützen könnte, ist das Scholion zu Megillath Taanith cap. 4, wo behauptet wird, dass nach der Ansicht der Boëtusim die factische Talio eintreten müsse. שהיו ביתוסים אומרים עין תחת עין שן תחת שן ממש הפיל אדם שנו של חברו יפיל את שנו וכו׳. Um so mehr muss es auffallen, dass eine so tiefgreifende wichtige Differenz von keiner andern Quelle bestätigt wird oder irgendwie zur Besprechung gelangt. In Baba kama 84a, wo R. Elieser anfangs die factische Talion behauptet, wird diese Ansicht zunächst nicht aus dem Grunde zurückgewiesen, weil sie sadduzäisch sei, sondern weil sie der Annahme aller Traditionslehrer widerspreche. Die Pharisäer würden nicht unterlassen haben eine solche Auffassung als sadduzäisch zu perhorresziren. Auch Josephus, der als Pharisäer um eine etwaige Differenz mit den Sadduzäern wissen musste, kennt eine solche ebenfalls nicht. Diesen Gründen gegenüber kann jenes Scholion, (über dessen späte Abfassung kein Zweifel herrscht), nicht ins Gewicht fallen, und haben wir keinen Grund in diesem Gesetze eine Differenz zwischen Pharisäern und Sadduzäern anzunehmen. (Vgl. Geiger: Urschrift S. 148)[29]). Geiger vermuthet, dass dem Scholiasten

---

[29]) Insbesondere aber Ritter: Philo und die Halacha, Note 1, S. 133.

zu Meg. Taanith die Karäer vorgeschwebt haben, die er mit den Sadduzäern verwechselte. Die Karäer freilich fassen alle Stellen des Taliongesetzes buchstäblich auf. Ibn Esra erwähnt zu Exod. 21, 24 eine interessante Disputation, die R. Sadia Gaon über diesen Gegenstand mit Ben Sutta geführt haben soll [30]).

Wenn wir nun sehen, dass sämmtliche Traditionsquellen übereinstimmend die buchstäbliche Auffassung des Gesetzes nicht kennen, so muss es um so auffallender erscheinen, dass Josephus Ant. jud. IV, 8, 35 es dem Beschädigten anheimstellt, ob er dem Schädiger wirkliche Talion oder Schadenersatz zudictirt haben will. Es heisst dort:

Ὁ πηρώσας πασχέτω τὰ ὅμοια στερόμενος οὗπερ ἄλλον ἐστέρησε πλὴν εἰ μή τι χρήματα λαβεῖν ἐθελήσειεν ὁ πεπηρωμένος. αὐτὸν τὸν πεπονθότα κύριον τοῦ νόμου ποιοῦντος τιμήσασθαι τὸ συμβεβηκὸς αὐτῷ πάθος καὶ συγχωροῦντος ἢν μὴ βούληται γενέσθαι πικρότερος.

Auch die Angabe des Josephus, dass dem Beschädigten die Schätzung des ihm zugefügten Schadens zusteht und

---

[30]) Die Disputation nimmt folgenden Gang. R. Sadia Gaon: »Wir können den V. Exod. 21, 24 nicht nach dem Wortlaut auffassen; denn wenn einer seinen Nächsten um ein Drittel seines Augenlichtes beraubt, so könnte er selbst leicht bei der Ausübung der Talion sein Augenlicht gänzlich einbüssen. Noch schwieriger ist die genau der Verwundung entsprechende Widerbestrafung bei Wunde, Brandmal und Beule«. Ben Sutta: Es heisst aber in der Schrift: So wie er einen Fehler einem Menschen beigebracht hat, so soll ihm (בו) beigebracht werden? Sadia Gaon: »בו steht oft in der Bedeutung von עליו, u. heisst auch hier: so wie er gethan, soll ihm die entsprechende Geldentschädigung auferlegt werden«. Ben Sutta: Es heisst aber ferner: so wie er gethan, soll ihm wieder geschehen? Sadia Gaon: »Auch Simson sagte von den Philistern: so wie sie mir gethan, werde ich ihnen thun, und doch hat Simson nicht ebenfalls ihre Frauen weggenommen und sie andern gegeben, sondern eine entsprechende Vergeltung geübt«. Ben Sutta: Wenn nun aber der Thäter arm ist, so dass er nicht bezahlen kann? Sadia Gaon: »Wenn ein Blinder einem andern ein Auge ausschlägt, wie kann an ihm Talion geübt werden? Der Arme kann doch wenigstens einmal in die Lage kommen die ihm auferlegte Strafe zahlen zu können, während der Blinde den angerichteten Schaden niemals in Deinem Sinne durch die factische Ausübung der Talion abbüssen kann«.

nicht vielmehr dem richterlichen Ermessen die Höhe der Summe zu bestimmen überlassen bleibt, ist gegen das traditionelle Gesetz, auch an und für sich sehr unwahrscheinlich. Mit Recht macht schon Saalschütz (M. R. S. 452 Anm. 567) darauf aufmerksam, dass, wenn der Gesetzgeber sagt: Du sollst geben Auge für Auge u. s. w., er natürlich wie immer das Volk und hier die betreffende Behörde anredet, und dass seine Worte niemals an einen Einzelnen gerichtet sind.

Bemerkenswerth ist es, wie Philo es dem mosaischen Recht als Vorzug anrechnet, dass es das jus talionis in aller Strenge übe (II, 329), und er führt dies selbst II, 332 als Norm des mosaischen Rechts an. Indess kann über die Halacha bei der Uebereinstimmung in allen Quellen auch nicht der geringste Zweifel herrschen, andrerseits aber darf eine solche Auffassung bei dem gelehrten Philo nicht auffallen. Ist doch die Talion den Rechtsanschauungen der alten Welt sehr geläufig: die Aegypter, Inder, Griechen und Römer bestimmen bei Leibesverletzungen dieselbe Verstümmelung an dem Thäter, und braucht es uns nicht zu wundern, wenn Philo, dem diese Anschauung schon durch die zahlreichen Beispiele bei den anderen Nationen gegeben war, auch bei den Hebräern diese Anschauung voraussetzte, um so mehr, als die Form des mosaischen Gesetzes seiner Annahme entgegen kam. Dass die mosaischen Bestimmungen von denen der andern Nationen durchaus verschieden sind, kann nach dem Vorangegangenen nicht mehr zweifelhaft sein. Kehren wir zum Zeugengesetz speziell zurück, so versteht es sich von selbst, dass, wenn der von den Zeugen fälschlich Angeklagte nicht der Talion anheimfiel, auch sie selbst nicht von dieser Strafe betroffen werden konnten. —

II.

Die traditionelle Auffassung des Zeugeugesetzes.

I. Als Fundamentalsatz gilt für das mosaisch-talmudische Zeugengesetz: Zeugen werden nur dann als lügenhaft betrachtet, wenn ihnen persönlich ein Alibi von andern Zeugen nachgewiesen wird.

Die Mischna[31]) Maccoth 5 a sagt hierüber:

אין העדים נעשים זוממין עד שיזומו את עצמן כיצד אמרו מעידין אנו באיש פלוני שהרג את הנפש אמרו להם היאך אתם מעידים שהרי נהרג זה או הורג זה היה עמנו אותו היום במקום פלוני אין אלו זוממין אבל אמרו להם היאך אתם מעידים שהרי אתם הייתם עמנו היום במקום פלוני הרי אלו זוממין ונהרגין על פיהם.

»Die Zeugen sind nicht eher als falsche Zeugen anzusehen, als bis sie selbst (ihre eigene Person) überführt werden.

---

[31]) Sehr auffallend ist die Erklärung der Geonim, welche R. Chananel in seinem Commentar zu Tractat Maccoth erwähnt, und wonach die falschen Zeugen nur dann auf Grund des Alibi strafbar sind, wenn sie zu der Anschuldigung der überführenden Zeugen schweigen und ihnen nicht widersprechen. Behaupten sie aber ihrerseits gegen das Zeugniss der zweiten Zeugenpartei ihre Anwesenheit am Thatorte, so würde nach Ansicht der Geonim ihre Lügenhaftigkeit noch nicht erwiesen sein. Vgl. Migdal Chananel Seite 5: ראינו לרבותינו הגאונים ז"ל כי פירשו עד שיזומו עצמן עד שיחרישו ולא יכחישו המוזמין את המזימין. Ueber den Sinn dieser Worte kann kein Zweifel herrschen, wenn man damit vergleicht, was R. Hai Gaon im 5. Abschnitt seines Werkes: משפטי שבועות über das Zeugengesetz bemerkt: ועור נזכור איך דרך ההזמה והוא כגון עדים שהעידו שראובן לוה ק' כסף בארץ ישראל ביום פלוני ובאו שנים אחרים ואמרו להם אותו היום עמנו הייתם בבבל והודו להם הראשונים על זה או ישתקו בדרך הזה נעשו זוממין ובזה אמר המשנה באי זה צד העדים נעשין זוממין . . . . הרי אלו זוממין ונהרגין על פיהם ולא תושלם ההזמה אלא בפני הניזומין ושיודו או ישתוקו ואם אינו בפניהם או לא שתקו אינה נקראת הזמה אלא הכחשה. Indem die Geonim also die Form der Ueberführung im Sinne der Mischna bestimmen, fügen sie noch die auffallende Bestimmung hinzu, dass die falschen Zeugen, um straffällig zu sein, sich dem Alibi gegenüber zustimmend oder schweigend verhalten müssen.

Wie nämlich? Sagen zwei Zeugen: Wir bezeugen, dass A den B getötet hat, und andere Zeugen treten dagegen auf und behaupten: Wie könnt ihr dies bezeugen, da ja der angebliche Mörder (A) oder der angeblich Ermordete (B) an jenem Tage an einem andern Orte in unserer Gesellschaft war, so sind die ersten noch nicht falsche Zeugen. Sagen aber die Zeugen: Ihr könnt dieses Factum nicht bezeugen, da ihr selbst an jenem Tage mit uns an einem andern Orte gewesen seid, dann sind die ersten falsche Zeugen und erleiden die Todestrafe.« Im Anschluss an die Schriftworte לענות בו סרה »Falsches wider ihn zu zengen«, giebt auch Sifre diese Bestimmung mit den Worten: מניד שאינו חייב עד שיכחיש את עצמו, dass der falsche Zeuge nicht eher schuldig ist, bis man seine Person Lügen straft, und zwar dadurch, wie Sifre mit den Worten der Mischna fortfährt, dass man ihm persönlich ein Alibi nachweist. Uebereinstimmend mit unserer Mischna bringt auch Jeruschalmi Maccoth I, 6 den Begriff der falschen Zeugen. Derselben Auffassung folgt auch die Tosefta mit dem Unterschiede nur, dass sie zur Veranschaulichung der Norm ein Beispiel dem Civilrechte entnimmt, was in der Mischna durch einen Fall aus dem Criminalrechte verdeutlicht wird. (Vgl. Tosefta Mac. 1, 1.)

Wiewol aus den angeführten Belegen die Auffassung der falschen Zeugen im mos. talmudischen Rechte sich unzweideutig ergibt, so glaubt doch Geiger: Urschrift S. 195 ff. annehmen zu müssen, dass die alte Auffassung eine andere gewesen und jene Auffassung nur Product einer späteren Epoche sei. Als Ausgangspunkt seiner Deductionen dient ihm die apocryphische Erzählung der Susanna. Diese, die Frau eines vornehmen, babylonischen Exulanten, erregt durch ihre Schönheit die Begierde zweier Aeltesten, die als Richter des Volkes täglich im Hause Jojakims, des Gatten der Susanna, wo sich das Amtshaus befindet, verkehren und oft Gelegenheit haben Susannas Schönheit zu bewundern. Eines Tages, (sie hatten zu ihrem sträflichen Beginnen sich gemeinschaftlich verabredet), überraschen sie Susanna, als sie gerade ihre Dienerschaft entlassen hatte, allein im Garten und, da sie ihren Wünschen kein Gehör schenken will, so drohen sie ihr mit einer falschen Anklage des Ehebruchs. Susanna bleibt standhaft, und nun bringen die beiden Aeltesten ihren schändlichen Anschlag zur Ausführung, indem sie Susanna vor Gericht beschuldigen, mit einem Jüngling, den sie nicht kennen und der bei ihrem Eintritt in den Garten entflohen sei, verbotenen Umgang gepflogen zu haben. Ihr Zeugniss bewirkt die Verurtheilung der Susanna zum Tode. Schon wird sie zur Richtstätte geführt, als ein Jüngling, Namens Daniel, durch sein Einschreiten die Wiederaufnahme der Verhandlung zu erwirken weiss. Er selbst leitet das Zeugenverhör, indem er die Ankläger durch geschickte Fragen in Widersprüche zu verwickeln sucht. Auf seine Frage, unter welchem Baume Susanna das Verbrechen begangen habe, antwortet der eine: »unter einem Mastixbaume«, der andere: »unter einer Steineiche«. Durch diesen Widerspruch entlarvt sie Daniel und stellt sie als solche hin, »welche nach eigener Aussage Lüge bezeugt haben«. ($\dot{\epsilon}\kappa$ $\tau o \tilde{u}$ $\sigma\tau \acute{o}\mu \alpha \tau o\varsigma$ $\alpha \dot{u} \tau \tilde{\omega} \nu$ $\psi\epsilon u\delta o\mu\alpha\rho\tau u\rho\acute{\eta}\sigma\alpha\nu\tau\epsilon\varsigma$). Darauf wurden sie nach dem Gesetze Mosis zum Tode verurtheilt und unschuldiges Blut gerettet an jenem Tage. — Es geht nach Geiger aus dieser Erzählung hervor, dass schon der Widerspruch der Zeugen unter einander nach mosaischem Rechte eine Ueberführung der Zeugen begründe und die Wiedervergeltungsstrafe im Gefolge habe. Dasselbe drücke auch die Mischna Maccoth 5a mit den Worten aus: אין העדים נעשים זוממין עד שיזומו את עצמן »Die Zeugen werden dadurch als lügenhaft erkannt, dass sie sich selbst zu Lügnern machen«, d. h. also sich in ihren Aussagen widersprechen. Doch sei diese alte Halacha juristischer Auffassung zu streng erschienen, und darum erklärten die Rabbinen, das nur das Alibi der Zeugen sie der Lüge überführen könne, indem sie dem alten Halachasatze אין העדים .... את עצמן in dem erläuternden כיצד eine falsche Erklärung untergeschoben. Noch deutlich zeige der Sifre die alte Auffassung in den Worten: מגיד שאינו חייב עד שיכחיש את

מנין שהעד עושה עצמו שקר ת"ל עצמו und noch klarer später: ת"ל עצמו עושה עצמו שקר והנה עד שקר ומנין שעושה חברו שקר ת"ל והנה עד שקר העד. Also sowol wenn ein und derselbe Zeuge sich selbst' in seiner Aussage widerspreche, als auch wenn einer von dem andern abweiche, werden sie als lügenhaft erkannt und verfallen der Wiedervergeltungsstrafe.

Im Anschluss an die gründliche Widerlegung, welche dieser Hypothese Geigers durch Dr. Hoffmann (Magazin 1. Quartalheft 78) zu Theil geworden ist, wollen wir zunächst darlegen, dass man diesen Gedanken einer älteren Halacha, die von der üblichen abweiche, für die jüdischen Quellen ganz entschieden fallen lassen muss.

1. Der Sifre, welcher die alte Halacha am deutlichsten wiedergeben soll, schliesst an die Worte: מגיד שאינו חייב וכו' unmittelbar die Erklärung unserer Mischna an: מכאן אמרו אין העדים נעשים זוממין עד שיזומו את עצמן כיצד מעידני באיש פלוני שהרג את הנפש וכו' (ed. Friedmann Abschnitt 169), welche der Geiger'schen Hypothese also geradezu widerspricht. In diesem Satze erklärt Sifre den Rechtsgrundsatz gerade so, wie die Mischna Maccoth 5a, nur dass er nach seiner an mehreren Stellen geübten Gewohnheit die Vollendung des Satzes nur mit וכו' d. h. u. s. w. andeutet und sich darauf verlässt, dass es anderer Stelle genauer nachgelesen werden kann. Die Lückenhaftigkeit, wodurch Geiger diesen Zusatz des Sifre verdächtigen will, ist nur eine Bequemlichkeit des Copisten, der sich damit die Mühe des Abschreibens erleichterte und auf den Kanon als auf etwas Bekanntes nur mit וכו' hinwies. Im Jalkut ist in der That die Stelle vollständig zu finden und ist an dieser Stelle des Sifre zunächst die Auffassung Geigers abzuweisen. Vielmehr geht aus dem Zusatze hervor, dass יכחיש את עצמו mit dem folgenden שיזומו את עצמן identisch ist und dasselbe besagt, was R. Ismael, der seinen Schluss ebenso wie der Sifre an das Wort סרה anlehnt, durch: עד שתוזר גופה של עדות ausdrücken will. Das Verbum הכחיש kann nämlich im Neuhebräischen auch intransitiv sein und »lügen« bedeuten. יכחיש את עצמו würde demnach heissen: »Lügner sein

in Bezug auf die eigene Person«, weil der Zeuge nicht in
Person am Thatorte war und seine Aussage also nicht auf
Selbstbeobachtung beruhen kann. — Aber auch die andere
Stelle des Sifre ist für Geigers Ansicht nicht beweisend, ja
sie beweist sogar das gerade Gegentheil. Die Stelle lautet
vollständig: מנין שהעד עושה עצמו שקר ת"ל והנה עד שקר ומנין שעושה
חברו שקר ת"ל והנה עד שקר העד יכול אף משנחקרה עדותן בב"ד ת"ל
שקר ענה באחיו אמור מעתה כל זמן שב"ד צריכין להם ולא משנחקרה עדותן בב"ד.
In dem Schlusssatze behauptet also Sifre, dass die Zeugen
ihre Aussagen nicht zurücknehmen, resp. nach Geigers Ansicht
sich und ihren Mitzeugen zum Lügner machen können,
sobald das Zeugenverhör geschlossen ist. Nach Sifre könnten
also nur vor Schluss des Zeugenverhörs sie zu falschen Zeugen
gemacht werden, eine Norm, die in allen Traditionsquellen
unerhört ist. Die Lehre der Pharisäer sowol als auch der
Sadduzäer, zu deren Besprechung wir noch kommen werden,
setzt zur Straffälligkeit der falschen Zeugen mindestens die
Verurtheilung des Angeklagten voraus; ja die Sadduzäer gehen
so weit, wegen falschen Zeugnisses nicht eher zu bestrafen,
als bis der Angeklagte hingerichtet war. Der Sifre selbst erwähnt einige Zeilen später diese Differenz mit den Worten:
אין העדים זוממין נהרגין עד שיגמר הדין וכו׳. Wie kann Sifre also
meinen, dass Zeugen nur dann strafbar sind, wenn sie sich
selbst oder einander widersprechen, (und er selbst behauptet,
dies könne nach Beendigung des Zeugenverhörs nicht mehr
stattfinden), während er andrerseits bemerkt, die Ueberführung
könne nur nach erfolgtem Urtheilsspruche, also lange Zeit
nach Beendigung des Zeugenverhörs, für die Zeugen verhängnissvoll werden? Es ist offenbar, dass Sifre mit dem
Schlusssatze: יכול אף משנחקרה וכו׳ dasselbe sagen will, was
Tosefta Ketuboth II und Sanhedrin VI ausgesprochen ist:
עדים שהעידו . . . . עד שלא נחקרה עדותן ואמרו מבודין אנו הרי אלו
נאמנים משנחקרה עדותן ואמרו מבודין אנו אין נאמנים oder nach dem
Wortlaute der Tosefta Sanh. VI: העדים יכולים לחזור בהן עד שתחקר
עדותן בב"ד נחקרה עדותן בב"ד אין יכולין לחזור בהן. Dass diese Norm
auch für die practische Strafjustiz massgebend gewesen, be-

weist die bereits besprochene Erzählung von dem Sohne Simons ben Schetach, der ein Opfer einer lügenhaften Aussage geworden war. Wiewol die Frevler im Augenblicke, als er hingerichtet werden sollte, ihre Aussagen widerriefen, forderte er doch von seinem Vater gemäss jener Norm die Execution des Todesurtheils. Die ganze Stelle des Sifre besagt also Folgendes: Jeder Zeuge kann die bereits gemachte Aussage widerrufen, indem er sich selbst als Lügner erklärt (עושה עצמו שקר), oder auch seinen Mitzeugen zum Lügner stempelt (עושה חבירו שקר). Dies ist ihm jedoch nur vor Schluss des Zeugenverhörs gestattet, nach demselben gilt sein Widerruf so wenig, dass auf Grund der einmal gemachten Aussage das Urtheil gesprochen und ausgeführt wird; ihr erstes Zeugniss bleibt unerschüttert, und sie erleiden, wenn sie überführt werden, die Wiedervergeltungsstrafe. — Die Geschichte der Susanna, welche Ausgangspunkt der Geiger'schen Hypothese gewesen ist, beweist ja am deutlichsten diese Norm, dass nach stattgehabter Verurtheilung der fälschlich Angeklagten die Ueberführung der Zeugen stattfinden kann, was nach der Auffassung des Sifre im Sinne Geigers eine Unmöglichkeit ist. Das erste Zeugenverhör ist längst geschlossen, Susanna ist längst verurtheilt und soll schon zum Richtplatze geführt werden, — da tritt Daniel auf, überführt die Zeugen und bewirkt ihre Hinrichtung. Der Sifre kann also an der einen Stelle so wenig wie an der andern für Geigers Ansicht etwas beweisen.

2. Wir kommen zur Betrachtung des Kanons in der Mischna: אין העדים נעשים זוממין וכו'. Schon aus rein äussern Gründen ist die Behauptung Geigers, dass unsere Weisen mit dem Worte כיצד u. s. w. eine falsche Erklärung des Kanons gegeben hätten, abzuweisen. Denn haben sich unsere Weisen, die noch im lebensvollen Strome der talmudischen Strafpraxis sich bewegten, in der Auffassung einer so wichtigen Norm geirrt, so werden wir, die wir der talmudischen Strafprozessordnung ganz und gar fernstehen, schwerlich eine richtige Auffassung gewinnen können; haben sie aber ab-

sichtlich eine falsche Erklärung untergeschoben, so wäre es ja viel einfacher gewesen, man hätte den Kanon, damit nicht ein späterer Gelehrter durch die richtige Interpretation desselben hinter ihre Täuschung komme, gänzlich unterdrückt und gleich mit der positiven Erklärung des Begriffes der falschen Zeugen begonnen. So reproducirt die Tosefta mit Auslassung des einleitenden Kanons unsere Norm in der That. Aber selbst die Möglichkeit einer solchen falschen Interpretation zugegeben, kann unsere Mischna, selbst im Geiger'schen Sinne erklärt, mit der Susannaerzählung nichts Verwandtes haben. Denn in letzterer ist nur von einem gegenseitigen Widerspruche die Rede, (der eine sagt: unter einem Mastixbaume geschah das Verbrechen, der andere: unter einer Steineiche), während die Mischna höchstens von einem Selbstwiderspruche, nicht aber von einem Widerspruch der Zeugen unter einander reden kann. Der Ausdruck את עצמן in der Mischna oder עצמו in dem Sifre kann niemals heissen: »einander widersprechen«, sondern nur: »ihm, resp. sich selbst widersprechen«; »einander« könnte nur durch זה את זה ausgedrückt werden, wie Mischna Sanhedrin V, 2. Sifre Deuter. 13, 15 und 17, 4 beweisen. Nach den talmudischen Quellen würde die alte Halacha lehren, dass Zeugen nur durch Selbstwiderspruch als falsche erkannt werden können, nicht aber dadurch, dass einer dem andern widerspricht, während die Susannaerzählung gerade den Widerspruch letzterer Art als falsches Zeugniss bestrafen lässt. Dieser sachlichen Verschiedenheit zur Seite steht aber auch noch manches grammatische Bedenken, um die Unmöglichkeit darzuthun, die Geiger'sche Hypothese auf die Mischna zu übertragen. Das Verbum זמם hat in der talmudischen Gerichtssprache eine Bedeutung erhalten, womit die Thätigkeit der falchen Zeugen bezeichnet wird. Unter den verschieden auftretenden Formen haben wir zu unterscheiden: 1. Kal und Niphal des Verbum mit der Bedeutung: »ein Lügner sein« oder »zum Lügner gemacht werden«; 2. Piel und Hiphil in der Bedeutung: »zum Lügner machen«. Nach den verschiedenen Ausgaben sind vier Lesarten in der Mischna zu berücksichtigen: 1) אין . . . עד שיזימו את עצמן. Hier ist offenbar zum Schlusssatz ein anderes Subject zu denken und zwar die überführenden Zeugen, welche die ersten »zu Lügnern machen«, und zwar die Zeugen selbst, ihre Person. 2) עד שיוזמו את עצמן. Ob wir hier Kal oder Niphal lesen, immer heisst die Form: »Lügner werden« und zwar in Bezug auf die eigene Person. את עצמן bezeichnet alsdann den Accusativ der Beziehung, wie: חלה את רגליו und ähnliche Stellen. 3) עד שיוזמו בעצמן. Die Erklärung ganz wie ad 2. 4) עד שיוזמו עצמן. So lesen die Geonim (vgl. Migdal Chananel), worin עצמן einfach Nominativ ist und der Satz also heisst: »bis sie selbst in Person Lügner werden«. Es dürfte die am besten bezeugte Lesart mit Kal oder Niphal die richtigere sein, da man alsdann keinen Wechsel der Subjecte anzunehmen braucht, während die Form עד שיזימו immerhin eine schwerfällige Construction ist. — Welcher Lesart man aber auch in der Mischna den Vorzug geben mag, keine einzige lässt sich mit Geigers Erklärung vereinbaren.

3. Deutlich und präcis sind die Worte der Tosefta für diese Norm, die schlechterdings keine andere als die traditionelle Erklärung zulassen oder besser diese selbst sind, die aber von Geiger vollständig ignorirt werden. Ohne den einleitenden Kanon und ohne das erklärende כיצד besagt Tosefta Maccoth 1, 1: העדים שאמרו וכו' . . . . . אבל אומרים להם איך אתם מעידים שהרי אתם הייתם עמנו היום במקום פלוני הרי אלו זומטין ומשלמין על פיהם. Wir brauchen den Worten der Tosefta nichts weiter hinzuzufügen. —

4. Gegen die Ansicht Geigers spricht auch eine Boraitha des R. Jsmael Maccoth 5a, den Geiger selbst als Vertreter der alten Halacha wiederholt bezeichnet. Wir haben gegen Geigers Erklärung des R. Ismael'schen Satzes zu Deuter. 19, 16 b manches einzuwenden. R. Ismael leitet nämlich hiervon die Norm des mosaischen Gesetzes ab, dass die Zeugen nur durch ein Alibi überführt werden können, indem er im Anschluss an den Ausdruck סרה erklärt: עד שתחוסר גופה של עדות d. h.

nicht eher sind die Zeugen als falsche zu betrachten, bis die Personen des Zeugnisses (גופה של עדות) vom Thatorte entfernt, durch andere Zeugen alibirt werden. Wenn Geiger diese Stelle ebenfalls für seine Ansicht citirt und übersetzt: »bis das Zeugniss selbst in sich abweichend ist«, so ist zunächst zu bemerken, dass גופה של עדות nicht heisst: »das Zeugniss selbst«, sondern: »das Wesentliche des Zeugnisses«, wie die Beispiele גופו של גט, גופי התורה beweisen. Ersteres würde heissen: העדות. העדות גופה oder העדות עצמה. גופה של עדות kann auch (siehe Pinneles דרכה של תורה, Levy: Wörterbuch s. v. ומם) als: »Person des Zeugnisses, Träger des Zeugnisses«, d. i. »Zeuge« aufgefasst werden, wie es in der That von Raschi durch גופן של עדים einfach übertragen wird; denn, wie schon bemerkt, steht עדות oft für עדים. Dann ist aber auch die Lesart שתסרה וכו׳, welche allein die Uebersetzung mit: »fehlerhaft sein«, »abweichend sein«, verträgt, nicht correct, und bringen die besten Ausgaben und der Aruch die richtige: שתוסר, welches Wort »abweichend gemacht werden«, »entfernt werden« bedeutet, so dass die R. Ismael'sche Formel: עד שתוסר גופה של עדות nur eine an das Schriftwort סרה sich anlehnende Ausdrucksweise für עמנו הייתם ist. Auch R. Ismael folgt also der Auffassung unserer Mischna.

5. Das Targum Jeruschalmi drückt die Norm, dass die Ueberführung durch andere Zeugen erfolgen muss, so deutlich und unverfälscht aus, dass es geradezu unbegreiflich ist, wie Geiger auch diese Stelle hat für seine Hypothese ausbeuten wollen. Die Worte des Targum ויתכעון דיניא לסהדין דמטמין יתהון, die seiner Norm stricte widersprechen, sollen entweder späterer Zusatz sein, oder sie sind verschoben und gehören eigentlich hinter das zweite סהדין, d. h. also, »die Zeugen, die sich selbst zu Lügnern machen«. Allein mit der Verschiebung geht es immer noch nicht; denn והנה סהדו דשקר כפום סהדין דמטמין יתהון könnte nur heissen: ein lügenhaftes Zeugniss ist im Munde der Zeugen, die ihnen widersprechen, nicht: sich, weil hier das Reflexivum unbedingt stehen müsste und entweder durch לגרמיהון oder לנפשיהון auszudrücken wäre. Dieser

Zusatz, der »einzige, welcher dem spätern Standpunkt entspricht«, könnte also nur noch späterer Zusatz sein, und zwar nur aus dem Grunde späterer Zusatz, weil er der von Geiger aufgestellten Hypothese sehr unbequem ist.

6. Die Susannaerzählung selbst, wenngleich auf historischer Grundlage beruhend, ist so reich an Uebertreibungen und Ungenauigkeiten, dass es unbegreiflich ist, wie Geiger diese Erzählung zur Grundlage seiner Erörterung hat machen können. Neuere Untersuchungen (Hoffmann: Schimon ben Schetach, im Literaturblatt der »Jüd. Presse«, ferner: Magazin 1877 S. 157 f, Brüll: Jahrbuch 1877) ergeben mit Gewissheit, dass die Schrift als antisadduzäische Tendenzschrift nicht frei ist von Widersprüchen gegen die herrschenden Normen, und wie in ihr sich die verwirrten Rechtsbegriffe jener wechselvollen Epoche widerspiegeln. Wie ist es möglich, aus einer solchen Schrift die in dem geordneten Staatswesen massgebenden Normen gegen sämmtliche jüdische Quellen feststellen und aus ihr beweisen zu wollen, dass sämmtliche Berichte jüdischer Quellen, die übereinstimmend das Gegentheil behaupten und von der sog. ältern Halacha auch nicht die geringste Spur aufweisen, alle die Norm jüngeren Datums wiedergeben! Die Ungereimtheiten, die man in der Susannaschrift gefunden (s. Michaelis: Mos. Recht VI: Susanna und Daniel) lassen sich aus der Zeit erklären, in der diese Schrift entstanden. Man hat Susanna vom pharisäischen Standpunkte aus zu beurtheilen, nach einer Zeit, in der der Gegensatz zwischen den Pharisäern und Sadduzäern sich am schärfsten ausprägte, und in der Ausschreitungen von beiden Seiten keine Seltenheit waren. Bei den socialen Wirren haben auch die Pharisäer zu ausserordentlichen Massnahmen ihre Zuflucht genommen, und selbst die Synedrialpräsidenten Juda ben Tabai und Schimon ben Schetach haben davon Gebrauch gemacht. Ersterer verletzte in seinem Eifer gegen die Sadduzäer auch einmal die gesetzliche Norm, dass beide falsche Zeugen überführt sein müssen, und liess einen falschen Zeugen hinrichten; letzterer liess achtzig Zauberinnen an

einem Tage hängen, obgleich gesetzlich die Hinrichtung zweier Verbrecher an ein und demselben Tage nicht zulässig war. Der Talmud selbst aber entschuldigt dieses Vorgehen als von den Zeitumständen geboten. (Sanh. 41a). Man wird sich demnach über ungewöhnliche Gerichtsscenen in der Susannaschrift nicht mehr wundern, dieselbe aber auch nicht mehr zum Massstabe für geordnete Zustände nehmen wollen.

7. Zum Schlusse aber wollen wir noch auf andere Quellen hinweisen, welche ebenfalls darthun, dass der Widerspruch der Zeugen unter einander nicht genügt, um sie wegen falschen Zeugnisses zur Rechenschaft zu ziehen. Wir lesen Math. 26, 59, Marc. 14, 56: dass das Gericht und die Aeltesten, welche Jesus verurtheilen wollen und nach falschen Zeugen suchen, solche nicht finden können, deren Aussagen in Uebereinstimmung gebracht werden könnten. Sie wagen es demgemäss auch nicht ihn zu verurtheilen. Nach Geigers Ansicht müssten ja aber die Zeugen als durch Widerspruch überführt getötet werden, wovon sich aber nicht die geringste Andeutung findet. Und dass es sich hier nicht um blosse Willkührlichkeit der Richter, sondern um eine wirkliche ins Volksbewusstsein eingedrungene gesetzliche Norm handelt, geht aus dem Umstande hervor, dass die Richter, obgleich sie nach falschen Zeugen suchen, die Verurtheilung nicht auszusprechen wagen, weil das Zeugniss nicht in Uebereinstimmung ist; das weiss Jesus so genau, dass er auf die Frage des Richters, ob er sich für schuldig bekenne, einfach schweigen kann, weil ihre widersprechenden Aussagen ihn nicht graviren können. Und doch ist von einer Verurtheilung der Zeugen wegen falschen Zeugnisses so wenig die Rede, und ihre Glaubwürdigkeit durch den Widerspruch so wenig verletzt, dass die Richter ohne jede Beanstandung sie auffordern können, Zeugniss wider Jesum abzulegen, als dieser ihnen auf eine Frage mit einer vermeintlichen Gotteslästerung antwortet, Math. 26, 65. 66: »Siehe, jetzt habt ihr seine Gotteslästerung gehört! Was dünkt euch?« (Marc. 14, 64). — Der Sinn der traditionellen Lehre, wie sie in Mischna

und Talmud verstanden wird, findet also auch in den nichttraditionellen Quellen seine indirecte Bestätigung. —

Die Ueberführung kann demgemäss nur stattfinden: 1) wenn sie von andern Zeugen ausgeht, 2) wenn den falschen Zeugen persönlich ein Alibi nachgewiesen wird, wie wir es im Sinne der traditionellen Lehre dargestellt haben [32]). —

Steht nun diese Lehre als vom mosaischen Gesetz wirklich beabsichtigt unwiderleglich fest, so fragt man sich mit Recht, welche Gründe eine solche Norm veranlasst haben können, für die man in allen Gesetzgebungen vergeblich ein Analogon suchen wird. Gehen wir von der Grundanschauung der mos. talmudischen Gerichtsform aus, welche die Institution der Staatsanwaltschaft nicht kennt und nur Zeugen als einzigen vollgültigen gerichtlichen Beweis gelten lässt, so wird es sofort erklärlich, dass den Zeugen auch die volle Verantwortlichkeit für die Folgen ihrer Aussage zufällt. Sie sind die Ankläger, ohne deren Aussage eine Verurtheilung unmöglich wäre. Allein während wir bei dem blossen Zeugenwiderspruch, bei dem Alibi des Gläubigers oder des Schuldners beispielsweise von dem Grundsatze ausgehen: אוקי תרי להדי תרי dass die einander widersprechenden Aussagen der beiden Zeugenparteien sich gegenseitig aufheben, ohne aber die Aussage der zweiten Zeugenpartei höher zu stellen als die der ersten, wird bei der Zeugenüberführung gerade nur der Aussage der zweiten Zeugenpartei die vollste Glaubwürdigkeit geschenkt, der gegenüber das Zeugniss der ersten für vollständig falsch und erlogen betrachtet wird. Bei dem Zeugenwiderspruch ist ja auch eine Partei sicher lügenhaft, aber der Gerichtshof selbst lässt die Entscheidung in der Schwebe, wer von beiden gelogen habe und entlässt beide Parteien als unverdächtige Zeugen, während die überführten Zeugen der ganzen Strenge der Wiedervergeltungsstrafe anheimfallen. Schon der Talmud fragt mit Verwunderung bei dieser Norm: Welchen Grund

---

[32]) Philo und Josephus kennen zwar das Zeugengesetz, wie wir weiter sehen werden; sie bestimmen indess nichts über die Art und Weise, wie den Zeugen ihre Lügenhaftigkeit nachgewiesen wird.

hat man den letzteren mehr zu glauben als den ersten? und muss sich aus dieser Schwierigkeit durch die Erklärung helfen, dass die Vorschrift über Zeugenüberführung etwas Auffallendes ist עד זומם חידוש הוא (so ausdrücklich Raba Baba kama 72b, Sanhedrin 27a). Wiewol nun Raba diesen Grundsatz nur zur Unterstützung seiner Ansicht gegen die des Abai ausspricht und die Halacha[33]) sich in diesem Falle nach letzterem richtet, so ist doch der von Raba geltend gemachte Satz, das Gesetz der Ueberführung sei etwas Auffallendes (Kesef Mischne zu Maim. Hilch. Edut 18, 3) unbestritten, und zwar kommt es hierbei so wenig an auf die Menge der einen oder der andern Zeugenpartei, dass zwei Zeugen hundert und umgekehrt überführen können[34]). Hierdurch wird die Lehre der falschen Zeugen nur noch auffallender. Scheint nun der Umstand, dass sie von dem Talmud als etwas »Auffallendes« hingestellt wird, von vornherein jede rationelle Erklärung hierfür auszuschliessen, so hat doch R. Jacob ben Ascher, Verfasser des Tur (Chosch. Mischp. §. 38) eine Begründung dafür gegeben, dass bei Ueberführung die letzteren Zeugen mehr Glauben finden als bei Widerspruch. Im ersteren Falle nämlich können die überführten Zeugen nicht gegen die andern auftreten, weil sie beim Alibibeweis ihrer Person gewissermassen selbst das Object der Anklage bilden und es gerade so ist, als ob die

---

[33]) עד זומם gehört zu den sechs Fällen (יע"ל קג"ם), in denen sich die Halacha bei einer Meinungsverschiedenheit zwischen Abai und Raba nach ersterem richtet.

[34]) Vgl. Mischna Maccoth 5b. Es hängt dies mit der Gültigkeit des Zeugnisses überhaupt zusammen, welches nach talmudischem Rechte durch die Menge der Zeugen nicht an Glaubwürdigkeit gewinnt. Zwei Zeugen mindestens sind freilich zu einem vollgültigen Zeugniss nothwendig, aber ihre Aussage hat intensiv dieselbe Stärke und Gewichtigkeit, wie die von hundert. Hier werden nicht die Anzahl ihrer Stimmen, sondern das Resultat ihrer Aussagen, Zeugniss gegen Zeugniss, einander gegenüber gestellt, und das Zeugniss von hundert wird durch das von zweien vollständig paralysirt. Diese Norm stützt sich auf die Mischna Maccoth 5b. (Vgl. auch Frankel, Gerichtlicher Beweis S. 244).

Zeugen sie der Sabbathentweihung oder des Diebstahls beschuldigten. Die Aussage der ersten Zeugen, die dieser Anschuldigung widerspricht, fällt nicht ins Gewicht, weil sie in ihrer eigenen Sache nicht glaubwürdig sind. Im Zeugenwiderspruch stehen zwei gegen zwei, Zeugenaussage gegen Zeugenaussage, sie heben sich also gegenseitig auf; hier ist aber nur die Alibiaussage der letzteren, der nichts entgegensteht, denn da die ersten Zeugen Angeklagte sind, so können sie nicht als Zeugen betrachtet werden in ihrer eigenen Sache — also Zeugenaussage gegen Angeklagte. Der Unterschied zwischen Zeugenwiderspruch und Zeugenüberführung ist mit dieser Begründung des Tur[35]) klar präcisirt. Im

---

[35]) Der Einwand der Decisoren gegen die Begründung des R. Jacob b. Ascher, als ob er damit das »Auffallende« der Norm beseitige, scheint mir nicht zutreffend. Wie Tosafot Sanh. 27 a u. a. a. St. beweist, kann das Auffallende in zwei Consequenzen des Zeugengesetzes liegen, entweder darin, dass die überführende Partei ganz unverdächtigt bleibt, (Maim. Hilch. Edut 18,3), oder darin, dass die überführte Partei ihre Glaubwürdigkeit für immer verliert. Erstere Bestimmung findet der Verf. des Tur nicht auffallend, da durchaus nichts vorliegt, wodurch ihr Zeugniss verdächtigt sein könnte. Sie treten förmlich mit einer neuen Anklage gegen die Zeugen selbst hervor in einer Sache, in der sie nicht nur die einzig Beglaubigten, sondern überhaupt die einzigen Zeugen sind, (da der implicite in der Aussage der ersten Zeugen enthaltene Widerspruch als im eigenen Interesse der Partei liegend hinfällig ist). Keineswegs will aber R. Jacob das Auffallende der andern Consequenz beseitigen, dass die überführten Zeugen nun auch überhaupt zeugnissunfähig werden und nicht etwa nur von Fall zu Fall ihre Glaubwürdigkeit verlieren. Dieses Auffallende wird durch die Begründung des R. Jacob in keiner Weise berührt; diese gilt klar und deutlich ganz allein nur dem Passus: ומפני זה האחרונים נאמנים, was er freilich nicht auffallend findet gegen die Ansicht Maim. Edut 18, 3, der gerade diesen Umstand als גזירת חכמים, »Verordnung der Weisen« bezeichnet, bei der er auf eine rationelle Begründung verzichtet. Für die unterschiedenen Ansichten also, welche Tosafoth Sanh. 27 a s. v. אין anführt, das Auffallende liege entweder darin, dass die letzteren Zeugen in ihrer Glaubwürdigkeit völlig intact bleiben, oder darin, dass die ersten Zeugen unfähig werden und ihre Glaubwürdigkeit für immer verlieren, haben wir in Maimonides und R. Jacob ben Ascher die entgenstehenden Vertreter zu suchen.

Zeugenwidersprucbe, wo sich das Alibi auf Mörder oder Ermordeten bezieht, stehen beide Zeugnisse in gleicher Kraft einander gegenüber; beider Aussagen werden zwar hinfällig, aber die Parteien treten ferner noch beide als gültige Zeugen auf. Bei Zeugenüberführung, wo sich das Alibi auf die Zeugen selbst bezieht, wandeln diese sich in Angeklagte — rechtsgültige Kraft hat nur noch das Zeugniss der überführenden Partei. — Ganz wie der Verfasser des Tur haben auch Nachmanides und R. Levi ben Gerson (citirt bei Abarbanel) eine Erklärung dieser Norm gegeben: »Wenn zwei Zeugenpaare in Bezug auf das Factum einander widersprechen, die einen sagen: es ist an jenem Orte geschehen, die anderen behaupten, ebenfalls dort gewesen zu sein und es sei nicht wahr, was die ersten ausgesagt haben, so kann man den einen nicht mehr glauben als den andern, es ist ein widersprochenes Zeugniss und ungültig. Man kann die Zeugen nicht bestrafen, weil man nicht weiss, welche Partei wahr oder welche falsch gezeugt habe. Sagen jedoch die zweiten Zeugen von der That gar nichts aus, erklären darüber nichts zu wissen, und bezeugen nur so viel, dass die ersten Zeugen auch nichts wissen können, weil sie mit ihnen an jenem Tage an einem andern Orte gewesen seien, so muss man ihnen glauben, weil sie nicht den ersten Zeugen widersprechen, sondern in Betreff dieser nur ein neues Zeugniss ablegen. Hier gilt die Aussage der ersten Zeugen nichts, weil sie in der eigenen Sache nicht glaubwürdige Zeugen sind. Es ist so, als ob zwei Zeugen gesagt, sie hätten den Sabbath entweiht oder eine andere Todsünde begangen, wobei selbstverständlich ihr Widerspruch sie nicht retten kann«.

Obgleich diese Erklärung lobend hervorgehoben wird, so ist sie doch nicht befriedigend; denn gilt der Widerspruch der ersten Zeugen nichts gegenüber der Aussage der zweiten, so ist nicht abzusehen, warum sie bei einem Alibi des angeblichen Mörders oder angeblich Ermordeten weniger interessirt sein sollen, als wenn das Alibi ihre eigene Person betrifft, da sie sich ja immer von den eventuellen Strafen befreien und von dem Verdachte der lügenhaften Aussage rein halten wollen.

Von untergeordneter Bedeutung scheint mir aber das Bedenken, welches von den spätern Decisoren gegen diese Erklärung erhoben worden ist. Die meisten Decisoren bekämpfen diese Begründung, weil sie das »Auffallende« der Norm, das allgemein anerkannt und unbestritten zu sein scheine, beseitige. Allein folgende Erwägung dürfte für die Unterscheidung jener massgebend gewesen sein. So lange die Glaubwürdigkeit eines Zeugen nicht durch anderweitige Gründe beschränkt worden ist, hat er die naturgemässe Praesumption für seine eigene Person, dass er dem behaupteten Factum wirklich beigewohnt habe. Ohne diese Voraussetzung die jeder Zeuge für sich hat, wäre eine Zeugenaussage im mos.-talmudischen Anklageprozesse überhaupt nicht möglich. Jeder Zeuge, der vor Gericht auftritt, sagt in erster Linie von sich aus: ich bin Augenzeuge dieser und dieser That gewesen — und diese natürliche Chasaka (Praesumption) kann nur durch eine ihr gegenüberstehende direct verneinende Gewissheit, nicht aber durch einen blossen Zweifel aufgehoben werden. Wenn demnach eine zweite Zeugenschaft den Gläubiger oder den Schuldner von dem Thatorte durch ein Alibi entfernt, so ist damit die beiderseitige Präsumption der Zeugen durchaus nicht erschüttert, dass beide Parteien an dem von ihnen angegebenen Orte wirklich gewesen seien. Die Anklage ist freilich hinfällig geworden, doch kann das von den ersten Zeugen bezeugte Factum wirklich vor sich gegangen sein, nur haben sie sich in den Personen geirrt. Freilich ist ein Zweifel entstanden gegen die Anwesenheit der ersten Zeugen am Thatorte, weil sie ihr Zeugniss nur gegen eine genau festgestellte Persönlichkeit richten sollten, allein der Zweifel vermag die Chasakah der Augenzeugenschaft, die sie naturgemäss besitzen, nicht zu erschüttern. Anders aber ist es bei einem Alibi der Zeugen selbst. — Da richtet sich die **Aussage der zweiten Zeugenpartei gerade gegen die Chasakah, vermöge der sie als Zeugen zu** fungiren berechtigt sind, und da dieser Präsumption eine sie geradezu verneinende Gewissheit, nämlich das Zeugniss der zweiten Partei, gegenübersteht, so wird sie damit aufgehoben. Die Vorbedingung, worauf allein eine Aussage sich gründen kann, ist ihnen abgesprochen, und sie sind in eigener Sache nicht beglaubt, ihre Anwesenheit am Thatorte gegen die Gewissheit des zweiten Zeugnisses darzuthun. Natürlich wird das »Auffallende«, dass sie von nun ab ihre Glaubwürdigkeit überhaupt einbüssen, hierdurch nicht beseitigt, da diese Präsumption der Augenzeugenschaft doch immer nur von Fall zu Fall, nicht aber für alle Zukunft, wie es das Zeugengesetz verlangt, ihnen abgesprochen werden könnte. Ich glaube annehmen zu dürfen, dass R. Jacob ben Ascher, Nachmanides und Gersonides im Wesentlichen an diese Unterscheidung bei ihrer Erklärung gedacht haben, und von diesem Gesichtspunkte aus betrachtet gewinnt die Erklärung jener Autoritäten die annehmbarste Begründung. Was Hirsch (Pentateuch-Commentar) gegen diese Erklärung einwenden zu müssen glaubt, fällt hiermit fort; freilich haben die Zeugen die Präsumption, dass sie anwesend waren, aber nur so lange sie unbestritten bleibt. Das Zeugniss der überführenden Partei bleibt auch nur so lange im Schutze dieser Präsumption, als diesen nicht wieder ein Alibi nachgewiesen und ihre Präsumption erschüttert wird. — Ebenso unbefriedigt lässt eine Erklärung dieser Norm, welche R. Nissim b. Ruben aus Gerona (ר״ן) in seinen Deraschoth (דרשות), angeführt bei Abarbanel, gibt. Die lezteren Zeugen, meint R. Nissim, haben die grössere Wahrscheinlichkeit der Glaubwürdigkeit für sich. Es kann sehr leicht vorkommen, dass Menschen, um einen andern zu verderben, zu einem lügenhaften Zeugnisse sich vereinigen und Ort und Zeit so verabreden, in der sie voraussetzen können nicht gesehen worden zu sein. Aber zu behaupten, dass diese Zeugen mit ihnen anderswo gewesen, obgleich sie von der Wahrhaftigkeit der Zeugen überzeugt sind und deren Anwesenheit am Orte der That sogar noch von andern

Zeugen bestätigt werden kann, ist sehr unwahrscheinlich, jedenfalls gewagt. Auch diese Erklärung wird sehr gelobt — aber genau genommen begründet sie doch nichts. Denn was haben die überführenden Zeugen riskirt, wenn das Schlimmste eintritt und sie als lügenhaft befunden werden? Sie werden von den übrigen Augenzeugen der Lüge überführt, dass die ersten Zeugen ja am Thatorte gewesen? Dasselbe aber haben ja auch die ersten Zeugen riskirt, sie könnten ja noch leichter durch andere Zeugen, die den Mörder oder Ermordeten an einem andern Orte gesehen haben, der Lüge überführt werden. Denn wenn die Thatsache nicht wahr ist, wie leicht lassen sich Personen finden, mit denen wahrscheinlich der Mörder oder der Ermordete um jene Zeit zusammen gewesen ist. Dagegen können die überführten Zeugen selbst nicht so leicht noch andere Zeugen aufbringen, die mit ihnen dem Factum beigewohnt haben wollen, da das Verbrechen in der Regel nur vor wenig Augenzeugen geschieht.

Noch unbefriedigender ist eine Erklärung des פני יהושע (in dem Commentar zu Tractat Maccoth), dass die überführenden Zeugen, wenn ihre Aussage von Feindschaft gegen die erste Partei dictirt würde, lieber jeden Einzelnen einer Todsünde beschuldigten als gegen beide zu zeugen, indem sie sich nicht erdreisteten zwei Zeugen, die um den wahren Sachverhalt wissen, ins Gesicht hinein zu lügen. —

Eine weitere Erklärung könnte man vielleicht bei R. Jonathan Eibeschütz in seinem Commentar zu Chosch. Mischp. 38 finden, wodurch er eine auffallende Norm des Maimonides zu begründen sucht. Zur Rechtsgültigkeit der Ueberführung muss man voraussetzen, dass der Angeklagte selbst die Wahrheit der Anklage bestreitet und den letzteren Zeugen, welche ein Zusammensein der ersten Zeugen mit dem Angeklagten zur Zeit der That leugnen, zustimmt. Hierdurch erhält die Aussage der letzteren ein Uebergewicht über die der ersteren Zeugen, die deshalb als falsche zu bestrafen sind. Allein Eibeschütz selbst beabsichtigt nicht damit unsere Norm näher zu begründen. Auch wäre es ja unbegreiflich, wenn man im letzten Grunde auf das Ableugnen des Angeklagten hin, was man wohl bei jedem Verbrecher voraussetzen kann, die angeklagten Zeugen zum Tode verurtheilen würde.

Ansprechender ist eine von Dr. Hoffmann (Magazin 1878 I. Quartal S. 12) gegebene Erklärung, warum das Alibi gerade sich auf die Zeugen beziehen muss und es nicht genügt, wenn behauptet wird, der Mörder oder der Ermordete seien gar nicht am Orte der That gewesen. Im ersteren Falle nämlich ist nicht zu befürchten, die überführenden Zeugen seien durch Freundschaft mit dem Mörder zu einem falschen Zeugnisse verleitet worden, da sie dadurch zwar die Hinrichtung der Zeugen, aber keineswegs noch die Rettung des Angeklagten bewirkt hätten. Wollten sie letzteres thun, so hätten sie einfach ein Alibi des Mörders vorbringen können, wodurch dieser mit Sicherheit jeder Bestrafung entgangen wäre. Hätte aber auch ein Alibi des Angeklagten oder des Ermordeten genügt, so konnten sie immer diesen retten und die gegen ihn Zeugenden verderben. Wir sehen, wie von einer grösseren oder geringeren Glaubwürdigkeit der beiden Zeugenparteien gar nicht die Rede ist, und die Betonung sich nur auf die Frage richtet, warum die letzteren Zeugen bei einem Alibi der Zeugen, nicht aber des Mörders oder des Ermordeten, Glauben finden zur Bestrafung der Zeugen.

Bemerkenswerth ist auch der von Fassel (Literaturblatt des Orient 1847 S. 268) angegebene Grund für unser Gesetz. Die mos.-talmudische Gesetzgebung hält den Thäter nur für strafbar, wo Versehen (Nichtwissen des Gesetzes) und Irrthum (bezüglich des Objects) ausgeschlossen ist. Beides können die falschen Zeugen nicht mehr zur Entschuldigung vorbringen, sobald ihnen persönlich ein Alibi nachgewiesen wird.

Nichtwissen des Gesetzes ist nach der an die Zeugen gerichteten, eindringlichen Admonition durchaus ausgeschlossen; es bliebe also zu ihrer Entschuldigung nur noch der Irrthum. Irren kann man sich aber nur in Personen und Sachen, nicht aber darin, dass man ein ganzes Factum gesehen und beobachtet habe, wenn man an dem Orte gar nicht gewesen ist. Es folgt daraus von selbst, dass wenn sich das Alibi der widersprechenden Zeugen auf den angeblichen Mörder oder Ermordeten bezieht, die ersten Zeugen nicht strafbar sind, weil sie sich noch immer möglicherweise in den Personen geirrt haben können. Wird ihnen aber auch diese Entschuldigung des Irrthums genommen dadurch, dass ihnen persönlich ein Alibi nachgewiesen wird, so sind alle zu ihrer Straffälligkeit erforderlichen Bedingungen erfüllt und weder Versehen noch Irrthum können ihr falsches Zeugniss veranlasst haben. —

Einen Einblick in die Gründe, welche dieses einzig dastehende Gesetz veranlasst haben können, dürften uns aber auch die Bestimmungen geben, welche mit diesem Gesetz verbunden sind. Die Aussage der Zeugen an sich darf nämlich durch die Hassama gar nicht berührt werden und es kann durchaus wahr sein, was sie berichten; es darf durch den Alibinachweis nicht die Möglichkeit ausgeschlossen sein, dass das Factum wirklich vor sich gegangen sei. Eine absolute Unwahrheit brauchen sie nicht ausgesagt zu haben, nur relativ ist ihre Aussage unwahr, weil sie dem Alibi gemäss das Factum nicht beobachtet haben können. Bedenken wir nun, dass die Wahrheit oder Falschheit des Factum durch das Alibi nicht in Zweifel gezogen sein durfte, so gewinnt es den Anschein, als ob man mit dem Gesetze über falsches Zeugniss hauptsächlich gegen wirklich wahre, aber nicht auf Selbstbeobachtung beruhende Aussage vorgehen wollte. Die Einrichtung der Wiedervergeltungsstrafe ist ja im Allgemeinen ein Prohibitiv gegen falsches Zeugniss überhaupt, auf ihr beruht zum grossen Theil die Garantie für die Wahrhaftigkeit der Zeugen. Wir sehen aber doch bei dem ganzen Verfahren, dass es weniger auf die Wahrheit der Aussage an sich, als auf wirkliche Beobachtung der Thatsache abgesehen war, dass man Prohibitivmassregeln nöthig hatte gegen Angebereien, die zwar auf wirklichen Thatsachen, nicht aber auf persönlicher Beobachtung beruhen mochten. Es geht dies namentlich aus der Admonition hervor, worin sie durch die Abschreckung von falschem Zeugniss מאמד ומשמועה »nach Muthmassung³⁶) und nach Hörensagen« besonders verwarnt wurden, auf anderer Leute Aussagen hin ein Zeugniss abzulegen, wofür sie nicht auf Grund eigener Beobachtung einstehen können — dagegen findet sich in der Admonition auch nicht ein Wort der Warnung gegen wirklich erlogenes, unwahres Zeugniss. Es wird wohl auch selten vorgekommen

---

³⁶) Charakteristisch für die Sorgfalt, mit der man mit Ausschluss auch der überzeugendsten Indicien auf die Selbstbeobachtung hielt, ist die Ermahnung der Richter an die Zeugen, nicht nach Muthmassung ihr Zeugniss abzulegen: (Sanhedrin 37 b, Tosefta): ת"ר כיצד מאומד שמא כך ראיתם שרץ אחר חבירו לחורבה ורצתם אחריו ומצאתם סייף בידו ודמו מטפטף והרוג מפרפר אם כך ראיתם לא ראיתם כלום »Vielleicht habt ihr ihn gesehen, wie er (der Mörder) hinter dem andern herlief in eine öde Stätte, und ihr fandet ihn dort mit dem Schwerte in der Hand, das von Blut triefte, während der Erschlagene noch röchelte: selbst dann habt ihr noch nichts gesehen.« Diese Ermahnung ist wohl auf einen factischen Vorgang zurückzuführen, welcher unmittelbar darauf von Schimon ben Schetach erzählt wird (Sanh. 37 b): א"ר שמעון בן שטה אראה בנחמה אם לא ראיתי אחד שרץ אחר חבירו לחורבה ורצתי אחריו וראיתי סייף בידו ודמו מטפטף והרוג מפרפר ואמרתי לו מי הרגו לזה או אני או אתה אבל מה אעשה שאין דמך מסור בידי שהרי אמרה תורה על פי שנים עדים יומת המת היודע מחשבות יפרע מאותו האיש שהרג את חבירו אמרו לא זזו משם עד שבא נחש והכישו ומת. Wir sehen, wie sich Schimon ben Schetach in der seltenen Situation befindet, wie sie in der angeführten Ermahnung geschildert ist; obgleich von der Schuld des Mörders überzeugt, kann er ihn doch nicht zur Verantwortung ziehen, da ihm die Selbstbeobachtung fehlt. »Frevler«, redet Schimon ben Schetach ihn an, »einer von uns hat es sicher gethan. Doch was soll ich Dir thun, da Dein Blut mir nicht überantwortet ist, da die Schrift sagt: »Nach dem Ausspruch zweier Zeugen soll der Mörder sterben.« Doch Gott, der die Gedanken kennt, er wird den Mörder zu strafen wissen.« Kaum hatten sie sich entfernt, als der Mörder durch den Biss einer Schlange getötet wurde. Vgl. Mechilta zu Exod. 23, 7. Dass Schimon ben Schetach nicht ein Einzelzeugniss meint, bemerkt Tosafoth Sanh. 37 b.

sein, dass Zeugen vollständig aus der Luft gegriffene Thatsachen vorbrachten, vielmehr war man zu Massregeln gezwungen gegen Zeugen, die nach Muthmassung und Hörensagen Aussagen vorbrachten, ohne selbst Augenzeugen, ohne wenigstens derart Zeugen gewesen zu sein, dass darauf hin eine Verurtheilung erfolgen konnte. Es ist bekannt, welche Schwierigkeit für ein Zeugniss zu überwinden waren, bis es die richterliche Bestätigung zur Verurtheilung des Angeklagten erlangte. Die Zeugen mussten den Verbrecher gleichzeitig verwarnt und beobachtet haben, er musste ihnen trotzig geantwortet und sein Verbrechen trotzdem vor ihren Augen ausgeführt haben, die Zeugen mussten alle Verhältnisse genau geprüft und erforscht haben und selbst Nebenumstände angeben, die der genauesten Beobachtung entgehen konnten, oder, um kurz zu sein: das ganze Gerichtsverfahren ging darauf aus »den Mörder zu retten«; wie schwer und wie selten konnte da mit dem Tode bestraft werden. Welche Verantwortlichkeit aber trugen auch demnach falsche Zeugen, welche nach genauer, vorheriger Verabredung über die kleinsten Einzelheiten die Verurtheilung eines wirklichen Verbrechers herbeiführten, der, wiewol er die That begangen, nach der wahren Sachlage nicht verurtheilt werden konnte. Und gegen solche wahre, aber nicht auf Beobachtung beruhende Zeugnisse war die Wiedervergeltung eigentlich gerichtet. Darum auch die Formel: עמנו הייתם ohne Rücksicht auf die Wahrheit der Aussage, ja darum gerade nur das reine Alibi zur Wiedervergeltungsstrafe, die in Wegfall kommt, sobald die Wahrheit des Zeugnisses irgendwie durch die Ueberführung berührt wird. Und dies ist das Auffallende bei falschen Zeugen, dass sie trotz der absoluten Wahrheit des Inhalts ihrer Aussage wegen der scheinbar geringfügigen Schuld der relativ unwahren Aussage[37]) zu so strenger Ver-

---

[37]) Diesen Unterschied zwischen der absolut und der relativ unwahren Aussage kennt der Talmud recht genau und finden sich zahlreiche Fälle verzeichnet, in denen vor relativer Unwahrheit gewarnt ist. (Schebuoth 30) »Wenn ein Lehrer zu seinem Schüler sagt: Du

antwortung gezogen wurden und ausser der Wiedervergeltungsstrafe auch noch dauernd ihre Glaubwürdigkeit verloren. Die Strafe selbst hat nichts Auffallendes, nachdem sich im Verlaufe der gerichtlichen Untersuchung der böse Wille der Zeugen klar gezeigt und durch sie, die keine Augenzeugen waren, die Verurtheilung eines Angeklagten herbeigeführt wurde. Sie haben mit Absicht und mit Vorbedacht eine ungerechte Verurtheilung herbeigeführt und verfallen also mit Recht in Strafe. Wol aber bleibt es auffallend, dass sie auch zu künftigen Aussagen nicht glaubwürdig sind, obgleich die Wahrheit ihrer Aussage von andern Zeugen im vollen Umfange bestätigt werden kann. Vielleicht wollten sie ihrem Nächsten für ein wirklich begangenes Unrecht, das aber anderweitig nicht genügend bezeugt ist, um zu einer Verurtheilung zu führen, aus Rachsucht oder Feindschaft eine Strafe zuziehen, ohne sich aber zu einem Unrecht verleiten zu lassen, sobald es sich um wirkliche Lügen handelt. —

Begründet nun das Alibi der Zeugen allein die Ueberführung, so bestimmt dieselbe Mischna Maccoth 5 a, dass einem etwaigen Alibi der Parteien (des Mörders oder Ermordeten, des Schuldners oder Gläubigers), nur die Kraft eines Widerspruchs einzuräumen sei, der dem Zeugniss der ersten Partei nur jede practische Consequenz nimmt. Jeder

---

weisst, dass ich um keinen Preis eine ungerechte Forderung stellen würde. N. N. ist mir eine gewisse Summe schuldig, für die ich nur einen Zeugen als Beweis habe, willst Du nicht der zweite Zeuge sein — so muss er ablehnen, denn es heisst: »Du sollst nicht ablegen falsches Zeugniss.« Selbst aber, wenn jener nur verlangte, dass ohne wirkliches Zeugniss abzulegen, der Schüler nur unter dem Schein eines Zeugen vor Gericht erscheine, um den Gegner einzuschüchtern, so darf er auch hierauf nicht eingehen, denn: »Von einer falschen Sache sollst du dich fernhalten«. Bei diesen Beispielen von relativ unwahren Zeugnissen tritt keineswegs eine strenge Bestrafung ein und ihre Unzulässigkeit zu anderen Zeugnissen ist keinesweg von der Schrift, als vielmehr von den Weisen geboten. (Vgl. Frankel: Gerichtl. Beweis S. 123.

Widerspruch gegen die Wahrheit der Aussage hebt zwar das Zeugniss auf, und ist natürlich der Angeschuldigte freizusprechen, aber die Zeugen können nicht wegen falschen Zeugnisses verurtheilt werden. Ja, sie treten sogar ferner noch als gültige Zeugen auf, weil man sie wegen des entstandenen Zweifels an ihrer Wahrhaftigkeit nicht für ungültige Zeugen erklären kann. R. Chisda (Schebuoth 47a) will zwar beide Parteien für unfähig zu jedem ferneren Zeugniss erklären, da eine von ihnen jedenfalls gelogen haben muss; allein nach R. Hunna, dem die meisten Decisoren folgen, treten beide Parteien getrennt wenigstens noch ferner als fähige Zeugen auf. Haben diese Zeugenpaare getrennt zwei verschiedene Urkunden von zwei verschiedenen Gläubigern unterzeichnet, so ist die Forderung beider Gläubiger als von fähigen Zeugen bestätigt rechtskräftig geworden. Indess muss der Widerspruch derart sein, wie es R. Jacob ben Ascher angibt: Die erste Zeugenschaft sagt: A hat dem B geborgt, die zweite aber behauptet: er hat ihm nicht geborgt, weil der angebliche Gläubiger oder Schuldner fortwährend an jenem Tage in unserer Gesellschaft war, so dass also einerseits die Hassama, das Alibi der Zeugen, andrerseits aber auch der Widerspruch ausgeschlossen wird, der sich auf Nebenumstände bezieht und für den Kern der Sache ohne Belang ist. Dass bei solchen wesentlichen Widersprüchen beide Aussagen als einander widersprechend sich gegenseitig aufheben, geschieht nach dem talmudischen Axiom: אוקי תרי לבהדי תרי ואוקי ממונא בחזקת מריה die zwei Zeugenschaften heben einander auf und der status quo ante bleibt unverändert. Wenn aber auch beide Zeugenschaften bezüglich ihrer Glaubwürdigkeit intact bleiben, so können sie doch nur getrennt ferner als Zeugen fungiren. Selbst nach R. Hunna aber wäre es nicht gestattet, dass sich ein Zeuge der ersten mit einem Zeugen der zweiten Partei zu einem Zeugnisse vereinigt, da ja einer von diesen ganz sicher gelogen hat. —

Von einer unmittelbaren Verbindung der Zeugenüberführung mit einem Widerspruch wird in den talmudischen

Quellen nirgends gesprochen, doch führt uns Maimonides (Hilchot Edut 18, 2) auch diesen Fall vor, dass nämlich die überführende Partei sowol den Zeugen als auch den streitenden Parteien ein Alibi nachweist, und erklärt, dass dieser Fall als ein blosser Zeugenwiderspruch (הכחשה) zu behandeln sei [38]). Es mag ihn dazu die Erwägung veranlasst haben, dass bei

---

[38]) Lechem Mischne sagt, dass er für die Norm des Maimonides keine Stütze im Talmud finde. Dazu kommt, dass eine andere Norm des Talmud der von Maimonides aufgestellten Regel geradezu zu widersprechen scheint. Nach dem mos.-talmudischen Rechte ist nur das Zeugniss dessen vollgültig, der sich der Möglichkeit einer Ueberführung aussetzt und somit eine gewisse Garantie seiner Wahrhaftigkeit bietet. Und doch bestimmt der Talmud (Sanhedrin 9 u. 10), dass Derjenige, an dem ein Verbrechen verübt worden ist, in Verbindung mit noch einem Zeugen eine rechtsgültige Aussage ablegen kann, obgleich ein Alibinachweis seiner Person zugleich eine Negirung des Factum überhaupt involvirt. Maimonides selbst führt diesen Fall Hilch. Edut 12, 2 an, obgleich er doch gerade der in Edut 18, 2 aufgestellten Norm zu widersprechen scheint. Denn wenn andere Zeugen ein Alibi gegen ihn aussagen, so würde damit nicht nur ein Alibi, sondern auch ein Widerspruch gegen das Factum selbst ausgesprochen sein; denn war der Zeuge nicht am Thatorte, so kann an ihm auch nicht das Verbrechen verübt worden sein. Nach dem Grundsatze Edut 18, 2 könnte also ein Strafurtheil wegen falschen Zeugnisses gegen diesen niemals erfolgen. Wie kann man sein Zeugniss für rechtsgültig anerkennen zur Bestrafung des Angeklagten, da ihm die beste Bürgschaft der Wahrhaftigkeit, die Möglichkeit der Ueberführung genommen ist? Dieses wenden in der That die Autoren gegen Maimonides ein; indess spricht diese Norm ebenso wenig gegen Maimonides wie gegen das allgemeine talmudische Princip, dass jedes Zeugniss die Möglichkeit der Ueberführung darbieten müsse. Im Allgemeinen wird auf das Selbstgeständniss des Verbrechers kein Werth gelegt, und dasselbe als nichts beweisend erachtet. (Maim. Sanh. 18, 7). Wird also diesem, an dem nach eigener Aussage das Verbrechen der Sodomie verübt worden sein soll, das ihn selbst zum Verbrecher stempelt, ein Alibi nachgewiesen, so wird ihm geglaubt, dass das Verbrechen verübt worden sei, nicht aber, dass es an ihm verübt worden sei. Hiernach steht diese Norm mit der Ansicht Maimonides über die Ueberführung durchaus nicht in Widerspruch, wenn wir auch für dieselbe keinen directen Anhaltspunkt im Talmud haben. (Vgl. Fassel: Strafger. Verfahren § 56 und besonders § 66).

dem Alibi der Zeugen und der Parteien aus der Aussage der überführenden Zeugen zugleich die Unmöglichkeit des Thatbestandes selbst hervorgeht; letztere bestreiten damit zugleich die Richtigkeit des Zeugnisses und lassen nicht unerörtert, was zu einer reinen Hassama erforderlich ist, ob die That trotz des Alibinachweises nicht wirklich vor sich gegangen sei. Als überführt sind die Zeugen nach Maimonides nur dann zu betrachten, wenn trotz des Alibi die Möglichkeit, dass ihre Aussage wahr sei, nicht ausgeschlossen wird; Lippmann Heller und so auch R. Jacob (nach Kesef Mischne zu Maim. Ed. 18, 2) dagegen meinen, dass es nur auf das Alibi der Zeugen ankomme und die Rechtsgültigkeit der Ueberführung nicht beeinträchtigt sei, wenn auch eine der Parteien alibirt wird. Eine sehr ansprechende Erklärung der maimonidischen Norm[39]) gibt Hirsch in seinem Pentateuch-Commentar (V. S. 329). Die Hassama besteht ihrem Wesen nach darin, dass den Zeugen die Anwesenheit am Thatorte bestritten und durch עמו הייתם nachgewiesen wird, dass sie in Gesellschaft der überführenden Zeugen, und eben nicht mit dem Mörder oder Ermordeten, dem Gläubiger oder dem Schuldner zusammen gewesen seien. In Folge dessen können sie überhaupt darüber kein Zeugniss abgeben, nicht einmal ein falsches, vom wahren Thatbestand abweichendes Zeugniss. Wenn indess die überführenden Zeugen sagen: ihr und die Parteien waret mit uns an einem andern Orte und A hat dem B nicht geliehen, wie ihr behauptet, so ist das aus

---

[39]) Wenn Meklenburg in הכתב והקבלה von dem Verse והנה עד שקר העד שקר ענה באחיו sich veranlasst sieht, die Norm des Maimonides H. Edut 18, 2 anzugreifen, da hier offenbar eine Ueberführung der Zeugen in Person (עד שקר העד) in Verbindung mit einem Widerspruche gegen die Sache (שקר ענה באחיו) eine Straffälligkeit der Zeugen begründe, so müsste ja daraus ebenso gegen die übrigen Decisoren und die talmudische Norm überhaupt eine Schwierigkeit sich ergeben. Denn alle Decisoren, welche sich gegen Maimonides Edut 18, 2 erklären, behaupten nur, dass Ueberführung der Zeugen mit Widerspruch der Sache verbunden auch Ueberführung sei, nicht aber, dass beides zur Ueberführung nothwendig sei.

dem Grunde keine Ueberführung, weil die Zeugen doch auch nach der Aussage der überführenden Partei wenigstens in Gesellschaft der Parteien waren und die That hätten sehen können. Es liegt also im Grunde ein einfacher Widerspruch vor: die ersten Zeugen behaupten: A hat dem B geliehen (und das können sie wissen, weil sie mit A und B zusammen gewesen sind), was aber von den letzteren Zeugen bestritten wird. Dass die ersten Zeugen das Factum nach Babylon, die letzteren nach Jerusalem verlegen, gibt noch keinen Grund den Widerspruch zu einer Ueberführung zu erheben[40]). —

Im Allgemeinen möchte ich in dieser Frage noch den Zweifel aufwerfen, ob R. Jacob wirklich hierin, wie die Decisoren annehmen, eine Ueberführung erblicken würde,

---

[40]) Wenn מהר״י בן לב (citirt bei Lechem Mischne) mit der Norm des Maimonides den im Talm. Baba Kama 73 b besprochenen Fall vergleichen will, so ist dagegen zu bemerken, dass diese beiden Fälle nichts miteinander zu thun haben. In dem von Maimonides gesetzten Falle ist ja überhaupt von der Verbindung einer הכחשה mit einer הזמה nicht die Rede, wie dort im Talmud, sondern sobald der Alibinachweis sowol den Zeugen als den Parteien gilt, ist die Ueberführung ausgeschlossen in jeder Beziehung. Die ersten Zeugen sagen: A hat dem B in Babylon, die letzteren: A hat dem B in Jerusalem geliehen — es liegt also blosser Zeugenwiderspruch vor; die Ortsveränderung durch die zweite Partei beweist nichts gegen die Augenzeugenschaft der ersten. Nun tritt (in dem von Maimonides gewählten Falle) noch ein Widerspruch hinzu, nämlich: A hat dem B nicht geliehen. Dann wird freilich der erste Widerspruch betreffs des Ortes durch einen ferneren bezüglich des Factum selbst verstärkt — aber zwei Widersprüche machen noch nicht eine Ueberführung, berechtigen noch nicht zur Verhängung der Wiedervergeltungsstrafe über die ersten Zeugen. Ganz anders Baba Kama 73 b, wo eine factische Ueberführung durch den folgenden Widerspruch nur noch verstärkt wird. Es wird den falschen Zeugen zunächst ganz der traditionellen Lehre entsprechend das Alibi nachgewiesen, welche formell ganz richtige Ueberführung allein genügt, um sie in Strafe zu nehmen. Daran schliesst sich dann der weitere Widerspruch gegen das Factum, dass es an einem andern Tage wirklich, nur in veränderter Weise vor sich gegangen — da kann selbstverständlich der für sich allein stehende Widerspruch die ebenfalls selbstständige Ueberführung zu einem blossen Zeugenwiderspruche nicht herabdrücken.

oder dass der Kanon: עד שתומר גופה של עדות wirklich so (wie Lechem Mischne meint) zu pressen und stricte auf einen Alibinachweis von dem angegebenen Orte zu beziehen sei. Man beachte, dass weder der Talmud noch R. Jacob eine solche Verbindung der Zeugen und der Parteien, wie sie Maimonides bespricht, überhaupt irgendwie berücksichtigen — und man wird den einzelnen Worten unbefangener gegenüber stehen. Es scheint mir selbstverständlich, dass der Talmud bei einer Ueberführung die Entfernung der Zeugen vom Thatorte nur in so fern für wichtig erachtet, als es eine solche von den Parteien ist, und dass er stillschweigend voraussetzt, dass eine Entfernung vom Orte zugleich eine solche von den Parteien ist; jedenfalls hat er an eine solche Unterscheidung nicht gedacht, weil es ihm gleichgültig sein konnte. Der Ort gewann Bedeutung nur durch die Parteien, um den Nachweis zu gewinnen, dass die Aussage auf Selbstbeobachtung beruhe. Der Talmud selbst brauchte in der Aufstellung eines Unterschiedes zwischen dem von den Zeugen angegebenen Orte und dem wirklichen Aufenthaltsorte der Parteien um so weniger subtil zu sein, als er mit Auslassung der von Maimonides besprochenen Norm schwerlich in die Lage kommen konnte, irgend einmal einen Unterschied hierin statuiren zu müssen. In Wahrheit aber liegt dem mos.-talmudischen Gesetze nur daran, dass der Alibibeweis darthue, die Aussage der ersten Zeugen könne nicht auf Selbstbeobachtung beruhen; der Kanon: עד שתומר גופה של עדות kann also (wenn wir denn einmal im Sinne der maimonidischen Norm den Ausdruck urgiren wollen), weniger besagen wollen, dass die Zeugen vom angegebenen Orte, als vielmehr, dass sie aus dem Beobachtungskreise der betreffenden Parteien durch das Alibi anderer Zeugen entfernt werden. Ist aber dieser Beweis nicht erbracht, wird vielmehr von den andern Zeugen das Zusammensein der ersteren Zeugen mit den Parteien zugestanden, so ist die Verlegung des Zusammenseins von Babylon nach Jerusalem von ganz untergeordneter Bedeutung, die höchstens die Kraft eines Widerspruches beanspruchen darf. In gleicher Weise dürften auch die Worte des R. Jacob aufzufassen sein, der demnach mit Maimonides durchaus nicht in Widerspruch zu stehen braucht. In einzelnen Fällen scheint sogar der Talmud zugegeben zu haben, dass es der Alibirung im wörtlichen Sinne gar nicht bedarf, sondern dass zur Straffälligkeit der Nachweis genügt, dass die Zeugen das Factum nicht beobachtet haben können, wenn sie auch mit den Parteien am Thatorte zusammen gewesen sind. Die überführenden Zeugen geben zu, dass sie am Thatorte gegenwärtig gewesen, aber, da sie stets in ihrer Begleitung waren und sie stets von Angesicht zu Angesicht gesehen haben, so behaupten sie gesehen zu haben, dass jene nicht Augenzeugen des Factum gewesen seien. So wird im Talmud Anfang Maccoth ein Fall besprochen: Wenn die Zeugen sagen: der Mord geschah im Osten des Palastes, und die überführenden Zeugen behaupten: im Westen des Palastes seid ihr um diese Zeit bei uns gewesen, so soll man untersuchen, ob man von der westlichen Seite aus die Vorgänge im Osten beobachten kann, oder nicht. Im ersten Falle würde der Alibinachweis nicht erbracht sein. Jedenfalls, sehen wir, würde man sogar an demselben Orte (hier dem Palaste) die Möglichkeit der Ueberführung zugeben, wenn diese nur die Unmöglichkeit darthut, dass die Zeugen nur irgendwie etwas beobachtet haben können. Noch deutlicher geht aus einem andern Falle hervor, den der Talmud Sanhedrin 9, Maccoth 6 betrachtet, dass die Entfernung vom Orte an sich kein Grund zur Bestrafung sei, sondern vielmehr der Nachweis, dass die Aussage nicht auf Selbstbeobachtung gegründet sei. (Vgl. daselbst die Discussion des Talmud über das dort besprochene Verbrechen der Sodomie.)

Diesen Unterschied hat indess der Talmud nur in seltenen Ausnahmefällen zu betonen nöthig, da in den weitaus meisten Fällen das Alibi vom Orte mit dem Fehlen der Selbstbeobachtung zusammenfällt; er kann also ganz gut den allgemeinen Begriff der Ueberführung in den Kanon: עמנו הייתם במקום פלוני

zusammenfassen, ohne damit die maimonidische Norm verwerfen zu wollen. —

Von dieser Form der Verbindung des Zeugenwiderspruchs mit der Alibirung der Zeugen ist indess der Fall wol zu unterscheiden, dass der Aussage der ersten Zeugen zuerst widersprochen, und diesen selbst später ein Alibi nachgewiesen wird. Hierbei wird allgemein angenommen, dass ihre ungenaue Aussage nur eine Folge ihrer Abwesenheit vom Thatorte und also הכחשה תחילת הזמה, der Widerspruch gegen die Wahrheit ihrer Aussage in dem Nachweis ihres Alibi seine natürliche Fortsetzung erhalte[41]). Es dürfte sich dieser Fall nicht mit dem eben besprochenen vergleichen lassen. Dort tritt die Hassama selbst nur in Form eines Widerspruchs auf, und es liegt der Schwerpunkt der Aussage der zweiten Zeugenpartei weniger in dem Alibinachweis der Zeugen und der Parteien, sondern in dem Widerspruche gegen den Inhalt der Anklage, dass das bezeugte Factum nicht vor sich gegangen sei. Hier jedoch tritt der Widerspruch selbstständig und unabhängig von der folgenden Hassama auf. Zeugen waren den ganzen Tag in Gesellschaft des A und B und wissen genau, dass ersterer dem letzteren nicht geborgt hat. Es lässt sich annehmen, dass, nachdem die Aussage der ersten Zeugen so ganz hinfällig geworden ist, diese vielleicht überhaupt nicht anwesend waren, nur können die Widerspruchszeugen in dieser Hinsicht nichts aussagen; dass sie die Zeugen nicht dort bemerkt haben, wäre noch kein Beweis für deren Abwesenheit vom Thatorte. Möglicherweise waren sie dort, nur ausserhalb des Gesichtskreises der Widerspruchszeugen, und ihre gemachte Aussage beruht vielleicht nur auf ungenauer Beobachtung. Wenn

---

[41]) Tractat Baba Kama 73 b wird diese Norm von Raba aufgestellt, (von Abai freilich bestritten.) Uebrigens ist diese Frage bereits Gegenstand einer Controverse zwischen R. Elieser u. R. Jochanan, von denen einer behauptet: עדים שהוכחשו ולבסוף הוזמו נהרגין, der andere: אין נהרגין. Letztere Ansicht vertritt R. Elieser, wie Baba Kama 74 b erwiesen wird.

aber nun dritte Zeugen auftreten und ihnen auch noch ein Alibi nachweisen, so dass also ihre falsche Aussage nicht Folge ungenauer Beobachtung ist, sondern überhaupt auf keiner Beobachtung beruht, dann ist die Wirkung der Hassama noch keineswegs abgeschwächt, sondern beide, Widerspruch und Ueberführung, selbstständig und getrennt, behaupten in dieser Getrenntheit auch ihre juridische Kraft und Bedeutung. —

II. **Beiden anklagenden Zeugen muss das Alibi nachgewiesen werden; der Alibibeweis gegen einen Zeugen begründet noch keine Anklage wegen falscher Aussage.** Es hängt diese Norm mit den Gründen zusammen, welche für jede gültige Aussage das Zeugniss von mindestens zwei Personen erforderlich machen. Ueberhaupt lassen sich die Vorschriften, die bei Ueberführung der Zeugen massgebend sind, in den meisten Fällen aus denen erklären, die bei der Gültigkeit eines Zeugnisses überhaupt gelten. Und mit Recht. Auch bei der Ueberführung ist es ja nichts weiter als ein neues Zeugniss, das zur Strafe führen soll, ein neuer Beweis für die Schuld anderer. Was verleiht aber nun dem Zeugniss von zwei Personen dieselbe Glaubwürdigkeit wie dem von hundert? Wir wissen, dass das Zeugniss eines Einzelnen nur in sehr beschränktem Masse Gültigkeit hat. Es kommt dem talmudischen Rechte darauf an die Ueberzeugung zu haben, dass die Zeugen die volle Wahrheit **sagen wollen und sagen können**. Beides ist bei **einem** Zeugen nicht immer zu erkennen möglich[42]). Am ersteren kann ihn der böse Wille, am lezteren die menschliche Schwäche und Unvollkommenheit, die nicht alles wahrnehmen kann, ja selbst das Wahrgenommene nicht immer der Wirklichkeit entsprechend wahrnimmt und wiedergibt, verhindern. Beides ist durch die Forderung verhütet, dass wir ein Zeugniss zweier Augenzeugen haben müssen, das in allen Theilen übereinstimmend ist. Hier kann man nicht annehmen, dass sie die Wahrheit

---

[42]) Vgl. hierüber die treffliche Auseinandersetzung bei Frankel: Gerichtl. Beweis S. 170.

nicht sagen können, da ja ihr Zeugniss in allen Einzelheiten selbst klar und übereinstimmend ist, auch nicht, dass sie die Wahrheit nicht sagen wollen, weil man die böse Absicht zwar nicht bei einem, der in seinen Aussagen immer consequent bleiben kann, wol aber bei zweien entdecken kann, die eine schlimme Verabredung selten so genau treffen können, dass sich der Betrug nicht bald durch Widersprüche in ihren Aussagen herausstellen sollte. Sind aber nun diese beiden Befürchtungen beseitigt, so kommt dem Zeugniss von zweien dieselbe intensive Wahrheit zu wie dem von hundert, und bei der Ueberführung sind hundert überführt, wenn ihnen von zwei ein Alibi nachgewiesen wird. Es müssen aber auch sämmtliche Theilnehmer überführt werden, um das Zeugniss als falsches zu bestrafen; die theilweise Ueberführung einer falschen Zeugenschaft befreit auch die Ueberführten selbst von jeder Verantwortlichkeit. Diese Norm leitet R. Schimon in der Mischna Maccoth 5 aus den Worten der Schrift ab: »Wie zwei falsche Zeugen nicht getötet werden, bis beide überführt sind, so auch hundert Zeugen nicht, bis sie alle überführt werden.«

Die Zeugen ein und derselben Partei konnten demnach nur dann als überführte bestraft werden, wenn ihnen allen das Alibi nachgewiesen war, und man konnte den einzelnen Zeugen nicht bestrafen, wenn nicht der andere ebenfalls alibirt worden war. Schon Schimon ben Schetach[43]) machte

---

[48]) Merkwürdig ist die Erklärung Raschi's zu Maccoth 5 b, dass die Worte Schimons b. Schetach: אין עדים זוממין נהרגין עד שיזומו שניהם unserer Mischna entsprechen: מה שנים אין נהרגין וכו', wo die Norm Schimons b. Schetach doch nur erweitert und verallgemeinert, aber selbst schon als bekannt vorausgesetzt wird. Ferner scheint mir die Ableitung der Norm selbst: אין עדים זוממין נהרגין עד שיזומו שניהם aus עד שקר העד nach Sota 2 b, wiewol sie dem Sinne des Gesetzes vollkommen entspricht, nicht ganz folgerichtig zu sein, denn wenn auch Sota 2 b aus der besondern Betonung des עד אחד geschlossen wird, dass sonst עד immer zwei bezeichnet, so ist doch meines Wissens nirgends davon die Rede, dass die Nothwendigkeit beide zu überführen aus עד שקר העד hervorgeht. In der That wüsste ich für

seinen Gesinnungsgenossen Juda ben Tabbai darauf aufmerksam, als dieser in seinem Eifer gegen die Sadduzäer einen einzelnen überführten Zeugen hinrichten liess, dass

Raschi's Ableitung keine Quelle anzugeben, obwol auch פני משה zur entsprechenden Stelle des Talm. jerusch. denselben Schriftvers als Grundlage der Norm angeführt hat. Ich würde es nicht wagen, gegen die Autorität Raschi's und seine Erklärung, die, soviel ich weiss, von keiner Seite bestritten wird, die Norm unserer Weisen aus einer andern Schriftstelle zu begründen, wenn ich nicht durch die Tosefta auf eine andere verwiesen würde und die Mischna selbst, auf welche Raschi sich bezieht, jedenfalls eine andere Stelle im Auge haben muss. Die Tosefta Sanh. 5, 6 giebt unserer Norm folgenden Ausdruck: אין אחד מן העדים נעשה זומם עד שיהיו שניהם זוממין ואין לוקין עד שיהיו שניהם לוקין ואין נהרג עד שיהיו שניהם נהרגין ולא משלם עד שיהיו שניהם משלמים א"ר יהודה בן טבאי אראה בנחמה אם לא הרגתי עד זומם בשביל לעקור מלבן של ביתוסים שהיו אומרים עד שיהרג הנדון אמר לו שמעון בן שטח אראה בנחמה אם לא שפכת דם נקי שהרי אמרה תורה על פי ב' עדים או ג' עדים יומת המת בעדים ב' ובזוממין ב' מה עדים שנים אף זוממין שנים. Man beachte nur die letzten Worte Schimon's b. Schetach: Die Thora sagt (Deuter. 17 6): »Nach der Aussage zweier Zeugen oder dreier Zeugen soll der Todesschuldige getötet werden.« Wie die Hinrichtung des Mörders nur erfolgen kann auf die Aussage zweier Zeugen, so müssen bei falschen Zeugen beide überführt sein, um ihre Hinrichtung zu bewirken. Und auf denselben Schriftvers bezieht sich R. Schimon in der Mischna Maccoth 5 b, indem er diesen Grundsatz erweitert und sagt: »Wie zwei nur dann getötet werden, wenn sie beide überführt sind, so auch drei nicht eher, bis sie alle überführt sind, und woher weiss ich selbst hundert? aus dem Worte עדים d. h. Zeugen in beliebiger Zahl. Wie ist es möglich, die Worte R. Schimon's anders als auf Deuter. 17,6 zu beziehen, und wie kann מנחת בכורים im Hinweis auf Maccoth 5b den Worten R. Schimon's einen andern Text zu Grunde legen als den Worten Schimon's b. Schetach? Die Norm R. Schimons scheint mir folgendermassen abgeleitet. Zunächst wurden durch die Nebeneinanderstellung von zwei und drei Zeugen letztere mit den ersten gleicher Norm unterworfen und müssen also drei Zeugen ein und derselben Partei, um Strafwürdigkeit herbeizuführen, ebenso alle überführt werden, wie zwei Zeugen. Wollte aber die Schrift nun sagen, dass man bei dieser Zahl stehen bleiben solle, und bei einer Zeugenschaft von mehr als drei Personen nicht die Ueberführung aller erforderlich sei, so hätte er den Satz der Weisen unbeachtet gelassen, wonach falsche Zeugen nur dann strafbar sind, wenn sie beide überführt wurden: שהרי אמרו חכמים אין עדים זוממים נהרגין עד שיזומו שניהם (מכות ה'). Juda ben Tabbai traf von jetzt an keine Entscheidung mehr ohne Schimon b. Schetach: קבל מיד עליו ר' יהודה בן טבאי שאינו מורה הוראה אלא לפני שמעון בן שטח. Vielleicht ist unter diesen Worten auch ein Wechsel des gegenseitigen amtlichen Verhältnisses zu verstehen; anfangs war nämlich Juda ben Tabai auf dringendes Bitten des Schimon b. Schetach, Nasi, Schimon b. Schetach selbst Ab-beth-Din. Vielleicht übertrug in Folge dieses verhängnissvollen Irrthums Juda b. Tabbai die Nasiwürde seinem Amtsgenossen Schimon und begnügte sich selbst mit der Ab-beth-din-Würde. Daraus liessen sich denn auch die Abweichungen erklären, die sich bei Aufzählung der זוגות betreffs dieser beiden Männer in den verschiedenen Quellen vorfinden. Es war jene Norm, gegen die Juda b. Tabbai verstossen, auch eine naturgemässe Folge des mos.-talmudischen Gesetzes, welches ein Zeugniss nur dann für gültig erklärte, wenn die Aussagen der Zeugen genau übereinstimmten und so untereinander identisch waren, dass sie nur eine Aussage bildeten. Daher auch der Singularis עד zu Bezeichnung der gültigen Aussage zweier Zeugen, und die Norm Sota 2b: כל מקום שנאמר עד הרי כאן שנים. Sollte man also das Zeugniss der ersten als überführt betrachten, so musste naturgemäss das Alibi für beide Zeugen nachgewiesen sein.

Dass wir aber hundert Theilnehmer eines Zeugnisses als ein zusammengehöriges Ganzes betrachten (Raba Maccoth 5b), dessen theilweise Ueberführung auch die Ueberführten selbst von Strafe befreit, ist eine Nachsicht, die nur dann statthaft

---

sie einfach על פי שנים או שלשה עדים וכו' mit Auslassung des ersten עדים schreiben können, und man wäre über diese Grenze nicht hinausgegangen. Da aber der Ausdruck עדים wiederholt wird, so lässt dieses auf beliebige, unbegrenzte Erweiterung dieser Norm schliessen, die also selbst bei einem Zeugniss von hundert Zeugen zur Anwendung kommt. —

ist, wenn die Aussagen sich wirklich eine an die andere anschliessen und die Zusammengehörigkeit der Zeugen auch äusserlich so zu Tage tritt, dass sie sich in ihren Aussagen schon einer für den andern solidarisch hinstellen. Geschah dieses aber nicht, sondern lag zwischen den Aussagen der Einzelnen eine wesentliche zeitliche Unterbrechung, so wurden sie auch in Bezug auf die Ueberführung als getrennte Zeugenparteien betrachtet, und die Ueberführung der einen keineswegs von der der andern abhängig gemacht. (Maimon. Hilch. Edut 20, 3.) —

Ein und dieselbe Partei konnte aber nicht nur eine numerisch stärkere andere Partei, sonder sogar mehrere verschiedene Parteien hintereinander überführen, worüber Maccoth 5 a bestimmt: באו אחרים והזימום באו אחרים והזימום אפילו מאה כולם יהרגו freilich gegen Ansicht des R. Jehuda, der dieses Treiben als Verabredung und darum für ungültig erklärt. Wenn also auf das Zeugniss zweier der Angeklagte verurtheilt worden ist, und es treten zwei Zeugen A und B gegen die ersten Zeugen mit einem Alibinachweise auf, so verfallen diese in die Wiedervergeltungsstrafe. Später kommen nun andere Zeugen und beschuldigen den Angeklagten desselben Verbrechens, und wieder überführen A und B auch diese durch ein Alibi — sie werden also hingerichtet. So können A und B die Ueberführung der Zeugen, die ein und dieselbe Person eines Verbrechens bezichtigen, noch so viele Male wiederholen, immer wird ihnen geglaubt und die überführten Zeugen werden alle bestraft. In dieser Weise wird es wenigstens in den beiden Talmuden referirt, dass ein und dieselbe Abtheilung alle folgenden überführt, während die Tosefta die Fälle sich so denkt, dass jede folgende Abtheilung gegen ihre Vorgängerin ein Alibi aussagt. Sie sagt: מעידים אנו באיש פלוני שהרג את הנפש ובאו אחרים והזימום הנידון פטור וכת הראשונה חייבת כת אחת נכנסת וכת אחת יצאת אפילו מאה כולן פטורין (muss jedenfalls חייבין heissen).

»Wenn Zeugen jemand eines Mordes beschuldigen, und es wird ihnen ein Alibi nachgewiesen, so ist der Angeklagte frei, die erste Zeugenabtheilung aber schuldig; kommen mehrere Parteien nacheinander selbst hundert, so sind alle schuldig«. Maimonides bringt Hilch. Edut 20, 5. 6. beide Normen, wie sie in der Mischna und in der Tosefta zum Ausdruck kommen; wir brauchen nicht, wie Kesef Mischne diese Unterscheidung für eine doppelte Erklärung einer und derselben Mischna Maccoth zu halten, sondern für zwei selbstständige, von einander unabhängige Normen, deren Quelle wir beziehungsweise in der Mischna und Tosefta zu suchen haben. —

Dass die Ueberführung nur in Gegenwart der zu überführenden Zeugen geschehen kann, ist selbstverständlich, wenn wir erwägen, dass im mos.-talmudischen Strafprozess jede Anklage nur in Gegenwart des Verbrechers erhoben werden durfte. Die Quelle dieser Norm für das falsche Zeugniss bietet Ketubot 19 und 20: אמר ר׳ אבהו אין מזימין את העדים אלא בפניהם »R. Abuha sagt: Die Zeugen können nur in ihrer Gegenwart überführt werden. Da nämlich bei der Ueberführung die Zeugen zu einer Körperstrafe verurtheilt werden sollen, so müssen sie auch dabei sein, wie jeder andere Verbrecher bei seiner Verurtheilung (siehe Raschi daselbst). Auch die fernere Entscheidung des R. Abuha, dass die Ueberführung in Abwesenheit der Zeugen zwar keine Wiedervergeltungsstrafe nach sich ziehe, jedenfalls aber die Gültigkeit eines Zeugenwiderspruchs besitze, ist von den Decisoren allgemein anerkannt. (Maim. Hilch Edut 18, 4). Ueberführung in Abwesenheit der Zeugen hat also jedenfalls Hinfälligkeit auch des ersten Zeugnisses zur Folge, und zwar unterscheidet sich noch dieser Widerspruch von dem gewöhnlichen derart, dass bei einem solchen die überführten Zeugen nicht wie bei einem eigentlichen Widerspruche bei andern Zeugnissen noch ferner als fähige Zeugen fungiren können, sondern die in Abwesenheit überführte Partei die eigentlich widerlegte ist (המומת היא המוכחשת בודאי) und ihre Glaubwürdigkeit verliert, von der die letztere Partei nichts einbüsst (s. ב״ח zu Choschen Mischp. im Namen des ריב״ש).

Und mit Recht. Eigentlich sind sie ja überführt, nur dass in Ermangelung der richtigen Form der Ueberführung die eigentliche Strafe nicht vollzogen werden darf, und ihre Verurtheilung unterbleiben muss; das ändert aber nichts an ihrer moralischen Unwürdigkeit, und formell sind sie überführte, d. h. falsche, unglaubwürdige Zeugen. (Vgl. R. Hai 5. Absch. משפטי שבועות). Schwieriger schon ist die Frage, ob Zeugen auch auf ein schriftlich gegebenes Zeugniss überführt werden können. Zwar erklärt eine Boraitha Sanh. 32 b, dass Zeugen einer Urkunde nicht überführt werden können, weil wir selbst in dem Falle, dass ihnen für den Tag, an dem die Urkunde ausgestellt worden ist, ein Alibi nachgewiesen wird, noch immer zu ihren Gunsten annehmen können, das bezeugte Factum sei früher geschehen, die Urkunde früher ausgestellt, aber postdatirt worden, eine Massnahme, welche die Gültigkeit der Urkunde durchaus nicht berührt. Da hiermit die volle Glaubwürdigkeit der einer Urkunde unterzeichneten Zeugen ausgesprochen ist, so erklären die Decisoren, (Alfasi, R. Nissim ben Ruben, Maimonides Edut 19, 3 gegen die entgegenstehende Ansicht des R. Serachja halevi) dass die Ueberführung dadurch möglich wird, wenn die Zeugen selbst vor dem Gerichte erklären, dass mit Ausschluss jedes Irrthums oder der absichtlichen Postdatirung die Urkunde an dem angegebenen Tage wirklich ausgestellt und unterzeichnet worden sei. Nur fragt es sich betreffs ihrer Unfähigkeitserklärung, die wir ja mit Abai schon von der Zeit ihrer Aussage, hier also ihrer Unterschrift, ab datiren, wann wir in diesem Falle die Unterschrift als wirklich geschehen betrachten sollen. Maimonides Edut 19, 3 bestimmt hierüber, dass, wenn Zeugen da sind, welche gesehen, wie sie an einem andern Tage unterzeichnet haben, oder die angeben können, dass an einem gewissen Tage die Urkunde bestimmt schon die Unterschrift getragen, die Zeugen eben von diesem Tage ab als unfähige zu betrachten seien. Sind hierfür keine Beweise vorhanden, so muss ihre Unglaubwürdigkeit erst mit dem Tage beginnen, an dem sie ihre Unterschrift als solche anerkannt haben, da man des Zweifels wegen nicht alle Urkunden, die sie an diesem Tage unterzeichnet haben, für ungültig erkläreu kann.

III. Als drittes Hauptgesetz für die Ueberführung gilt: **Die falschen Zeugen verfallen nur dann der Wiedervergeltungsstrafe, wenn ihnen das Alibi erst nach geschehener Verurtheilung des Angeklagten nachgewiesen wird**; eine Alibirung vor geschehener Verurtheilung macht ihre Aussage zwar ungültig, verpflichtet sie aber nicht zur Wiedervergeltungsstrafe. Die Sadduzäer gehen sogar noch weiter und fordern nur dann die Verurtheilung der falschen Zeugen, wenn auf ihre Anklage hin ein Todesurtheil schon vollstreckt worden ist. Unsere Darstellung der pharisäischen Norm des Gesetzes wird also zweierlei berücksichtigen müssen: 1. warum die Zeugen **schon** nach dem Urtheilsspruch straffällig sind (gegen die sadduzäische Norm), und 2. warum sie es **erst nach der Verurtheilung** sind.

Die Mischna behandelt diese Differenz der Pharisäer und Sadduzäer Maccoth 5b: אין העדים זוממין נהרגין עד שיגמר הדין שהרי הצדוקים אומרים עד שיהרג שנאמר נפש תחת נפש אמרו להם חכמים והלא כבר נאמר ועשיתם לו כאשר זמם לעשות לאחיו והרי אחיו קיים וא״כ למה נאמר נפש תחת נפש יכול משקבלו עדותן יהרגו ת״ל נפש תחת נפש הא אינן נהרגין עד שיגמור הדין.

»Die falschen Zeugen werden erst nach dem Urtheilsspruch hingerichtet; die Sadduzäer sagen sogar erst nach Hinrichtung des Angeklagten, da es heisst: Leben für Leben (d. h. also für ein schon geopfertes Leben). Nun entgegneten ihnen die Weisen: es heisst aber auch: »ihr sollt ihm thun, wie er gedacht seinem Bruder zu thun«, sein Bruder lebt also noch. Was heisst aber doch Leben für Leben? Nicht dass die Zeugen schon strafbar sind, wenn sie ihre Aussage vollendet haben, sondern es muss wenigstens ein Leben schon gefährdet gewesen sein, d. i. nach der Verurtheilung des Angeklagten«.

Auch Sifre zur Stelle erwähnt diese Differenz, welche auch von praktischen Consequenzen gewesen ist. Juda ben

Tabbai, der Amtsgenosse Schimons ben Schetach, hat einen überführten Zeugen mit der ausgesprochenen Absicht gegen die Sadduzäer zu demonstriren (להוציא מלבן של צדוקין) hinrichten lassen, obgleich das Urtheil über den Angeklagten erst gesprochen, noch nicht aber vollstreckt worden war (Maccoth 5 b). Bei diesem Standpunkte dürfte es sich allein um die Erklärung des Schriftwortes: כאשר זמם לעשות handeln, welches die Pharisäer wörtlich fassen: »wie er gedacht zu thun«, d. h. wenn sein Plan auch noch nicht thatsächlich zur Ausführung gelangt ist, während die Sadduzäer diese Worte gleich כאשר זמם ועשה auffassen, d. h. wie er gedacht und wirklich gethan haben muss, ähnlich wie wir im Sinne der Karäer bereits dargestellt haben. Allein, wie wir dort nachgewiesen, sprechen diese Worte zunächst für die pharisäische Ansicht, die auch in andern Quellen ihre Bestätigung findet. Die Susannaerzählung documentirt in der Darstellung der Gerichtsverhandlung ihren Zusammenhang mit diesem Gesetze, und nach dem dort geschilderten Verfahren sind alle Bedingungen erfüllt, die dem pharisäischen Kanon לא הרגו נהרגין »die Zeugen werden hingerichtet, wenn auch der Angeklagte noch lebt«, entsprechen. Das Urtheil ist bereits über Susanna gefällt, und schon führt man sie, um dasselbe zu vollstrecken, zum Richtplatze hinaus. Da veranlasst Daniel die Wiederaufnahme der Verhandlung und es gelingt ihm durch sein eingehendes Examen die Zeugen der Lüge zu überführen, diese werden hingerichtet »nach dem Gesetze Mosis«, obgleich die von ihnen Angeschuldigte noch lebt, und ihr Urtheil blos gesprochen, nicht aber schon ausgeführt war.

Auch Philo und Josephus sind mit unserem Gesetze, wie Ritter (Philo und die Halacha S. 24 ff) mit grosser Wahrscheinlichkeit nachweist, in dem angegebenen Sinne nicht unbekannt. Philo bestimmt im Allgemeinen schon auf die blosse Absicht zu morden, die Todesstrafe (II, 334, und II, 314) durch Richterspruch, was aber der Halacha durchaus widerspricht, die nur auf beabsichtigten und vollbrachten

Mord Todesstrafe setzt. Mit Recht findet Ritter S. 25 die Grundlage hierfür in dem biblischen Gesetz über falsche Zeugen, wo ausdrücklich durch die Worte: ועשיתם לו כאשר זמם לעשות auch auf die blosse Absicht zu töten Todesstrafe gesetzt wird. Was die Schrift nur auf den einzelnen Fall beschränkt, nämlich nur auf die überführten Zeugen, erhebt Philo zum allgemeinen Gesetz.

Noch deutlicher zeigt Josephus Uebereinstimmung mit der pharisäischen Norm. Wiewol er den allgemeinen, halachischen Grundsatz kennt, auf blosse Absicht zu morden keine Strafe zu setzen (ant. XII, 9, 1), so bestimmt er doch für die falschen Zeugen (ant. IV, 8, 15): Ἂν δέ τις ψευδῆ μαρτυρήσας πιστευθῇ, πασχέτω ταῦτ' ἐλεγχθεὶς ὅσα ὁ καταμαρτυρηθεὶς πάσχειν ἔμελλεν.

Wer also falsches Zeugniss ablegend Glauben gefunden hat, soll dasselbe erdulden, was der von ihm Beschuldigte hätte erdulden sollen. Nicht allein also, dass die falschen Zeugen nach Josephus »Glauben gefunden« haben müssen, d. h. dass schon das Urtheil gefällt sein muss, bestätigt er mit den Schlussworten: ὅσα ὁ καταμαρτυρηθεὶς πάσχειν ἔμελλεν geradezu die pharisäische Lehre, dass die falschen Zeugen erdulden müssen, was der Angeklagte erleiden sollte, wenn er es auch noch nicht erlitten hat.

Für beide Normen, sowol dass das Urtheil schon gefällt sein muss, als auch dass es noch nicht vollstreckt zu sein braucht, werden wol folgende Gründe massgebend gewesen sein. Die Lehre der Pharisäer beruht auf den Worten: כאשר זמם לעשות. Wenn wir das Wort זמם an allen Stellen vergleichen, so gewinnt es augenscheinlich einen weit intensiveren Begriff als den des blossen »Denkens«, und halte ich namentlich an unserer Stelle die Uebersetzung des Onkelos mit: כמא דחשיב למעבד ebenso wenig entsprechend, wie die zu Gen. 11, 6: כל אשר יזמו לעשות durch: כל דיחשיבון למעבד. Sehen wir vorläufig von der Bedeutung des Wortes an unserer Stelle ab, so müssen wir doch jedenfalls an lezterer Stelle den Begriff יזם, der mit זמם verwandt ist, intensiver fassen als blos »überlegen, denken«, denn der Plan einen Thurm zu bauen war nicht nur bereits ein festbeschlossener in diesem Moment, sondern theilweise sogar schon ins Werk gesetzt, und ist unter יזמו jedenfalls ein Moment zu denken, bei dem der Mensch, über das Erwägen weit hinaus, bereits zu einem festformulirten Entschluss gekommen ist. Es bezeichnet das letzte, äusserste Stadium des Denkens, das, nachdem der Act des זמם geschlossen, nun sofort in die Handlung selbst übertreten kann. Darum immer die Verbindung des זמם mit dem Verbum עשה oder mit einem andern die Handlung bezeichnenden Worte. (Psalm 31, 14, Spr. 31, 13, Jerem. 51, 12, Threni 2, 17, Secharia 8, 14). Es dürfte demnach זמם bedeuten: »einen Entschluss gefasst haben«, gewöhnlich in malam partem, wie die angeführten Stellen beweisen, zuweilen jedoch auch in bonam partem, wobei in der Regel ein sinnverwandtes, das Gute unzweifelhaft bezeichnendes Wort dabei steht. In der Stelle Sech. 8, 14 folgt unmittelbar die Verbindung: כן שבתי זממתי ... להיטיב. Die Pharisäer haben diesen intensiven Begriff wirklich dem Worte beigelegt: »beschlossen haben«, und konnte demnach die Wiedergeltung nicht früher an den falschen Zeugee geübt werden, bis man die unumstössliche Gewissheit hatte, dass ihr böses Vorhaben mehr als ein blosses Vorhaben, dass das Verbrechen zum Verderben ihres Nebenmenschen bei ihnen festbeschlossene Sache war. Diese Gewissheit konnte man aber weder während ihrer Zeugenaussagen, noch während des Verhörs haben, da sie noch immer möglicherweise, entsetzt vor den schrecklichen Folgen ihres bösen Beginnens, ihre Aussage zurücknehmen und bereuen konnten. War aber das Zeugenverhör geschlossen und ihre Aussage unwiderruflich geworden, hatten sie es ruhig geschehen lassen, dass auf Grund ihrer falschen Aussage ein Unschuldiger zum Tode verurtheilt wurde, ohne dass ein Gefühl der Reue ihren Entschluss wankend gemacht hätte, so brauchte man wahrlich im Ueberführungsfalle nicht mehr daran zu zweifeln, ob sie auch wirklich זממו לעשות Leute waren, in deren Innern das Verderben des Nebenmenschen zu einem festen, nur noch der That ermangelnden Entschlusse geworden war. Konnte man vor dem Urtheilsspruche nicht in ihrer Seele lesen, konnte man bei Ueberführung vor der Verurtheilung sie auch nicht wegen falschen Zeugnisses zur Verantwortung ziehen, so war doch nach der Verurtheilung jeder Zweifel an dem Ernst ihrer bösen Absicht geschwunden, jeder Zweifel beseitigt, ob der feste Vorsatz des Bösen auch jede Regung der Reue und des bessern Gefühls erstickt habe. Darum genügte zu ihrer Straffälligkeit die Verurtheilung des Verbrechers, darum musste aber auch schon die Verurtheilung des Angeklagten erfolgt sein, um so mehr als bei den falschen Zeugen die bei jedem andern Verbrechen erforderliche Warnung in Wegfall kam. Der mos.-talmudische Strafprozess erfordert zur Verurtheilung eines Verbrechers absolute Gewissheit, dass der Thäter, mit dem Unrecht seiner Handlungsweise und mit den strafrechtlichen Folgen derselben bekannt, dennoch sich zum Verbrechen hinreissen liess. Darum war auch bei jedem Verbrechen nur dann Verurtheilung möglich, wenn der Thäter vorher verwarnt und auf die Tragweite der beabsichtigten Handlung aufmerksam gemacht worden war; es wird dieses ausdrücklich als Zweck der Verwarnung angegeben, dass man unterscheiden könne, ob das Verbrechen mit bösem Willen und klarer Ueberlegung, oder aus Unvorsichtigkeit und Fahrlässigkeit verübt worden sei (להבחין בין שוגג למזיד). Nun ist es aber unbestritten, dass die falschen Zeugen zu ihrer Bestrafung der Verwarnung nicht bedürfen; ja, es ist sogar bemerkenswerth, dass bei der Admonition an die Zeugen, in die man doch so leicht eine Verwarnung betreffs der eventuellen Strafe hätte einfügen können, die sie nach etwaiger Ueberführung treffen würde, auch nicht mit einem Worte auf die irdische Strafe und Gerechtigkeit hingewiesen wird. Um so gerechtfertigter muss demnach die Forderung erscheinen, dass der Prozess in ein so vorgerücktes Stadium getreten sein muss, dass man an der bösen Absicht der Zeugen nicht mehr zweifeln kann, d. h. dass die Verurtheilung des Angeklagten bereits erfolgt und abgeschlossen ist.

Wenn diese Lehre der Pharisäer der sadduzäischen gegenüber ihre volle Rechtfertigung findet, so hat doch der andere Kanon: הרגו לא נהרגין »die falschen Zeugen werden nach Hinrichtung des Angeklagten nicht getötet«, begreiflicherweise den Auslegern die grösste Schwierigkeit bereitet. Die sadduzäische Lehre wird also geradezu verworfen, nur vor Hinrichtung des Beschuldigten können die falschen Zeugen zur Verantwortung gezogen werden, nicht aber wenn er schon hingerichtet worden ist! Es scheint, dass die Pharisäer durch Urgirung des Ausdrucks: זמם לעשות »nur wie er gedacht zu thun«, zu ihrem Schlusse gelangen. Allein es ist unmöglich, sich der grossen Schwierigkeit zu entziehen, welche schon der Talmud berührt hat durch seinen Versuch, durch einen Schluss a minore ad maius die pharisäische Lehre zu widerlegen (Maccot 5 b). Wenn wir die falschen Zeugen hinrichten, wenn sie ihre böse Absicht, den Tod des Angeklagten herbeizuführen, noch nicht durchgesetzt haben, (weil die Schift sagt: כאשר זמם), wie ist es möglich sie freizusprechen auf Grund dieses כאשר זמם. wenn der von ihnen Angeklagte bereits hingerichtet ist? Ist denn ihr böser Wille, ihre schändliche Absicht weniger klar geworden, sind wir jetzt weniger von ihren schlechten Gesinnungen überzeugt, für die sie ja schon allein ohne Verwarnung bestraft werden? Ist das, was man Böses thut, nicht auch böse gedacht? Ueber diese Schwierigkeit hilft keine blos formelle Urgirung der Worte כאשר זמם hinweg; wenn wir es aber versuchen, die Gründe für die pharisäische Lehre darzulegen, warum sie die sadduzäische Norm verworfen und den Schluss a minore ad maius von sich gewiesen haben könnten, so versteht es sich von selbst, dass wir dieselben in äusseren, vornehmlich Opportunitätsrücksichten zu suchen haben. Dieser Weg ist denn auch von den Erklärern eingeschlagen worden, und wenn auch alle die Thatsache zugeben, dass man hier einer auffallenden Rechtsnorm gegenübersteht, so wird man doch die angegebenen Gründe im Ganzen und im Zusammenhang betrachtet hinreichend finden, um auch den strengsten Anforderungen gegenüber die pharisäische Strafpraxis zu rechtfertigen und darzuthun, dass sie nicht nur nicht eine »allem Rechtsgefühl hohnsprechende«, (Geiger, Urschrift S. 140 Anm.) sondern sogar eine sowol im Interesse des Allgemeinen als des Einzelnen gebotene war.

Wir wollen die mannigfachen Erklärungen zusammenstellen.

»Wenn der Angeklagte hingerichtet ist, so muss man annehmen, dass er mit Recht angeschuldigt war und wegen seiner Sünden bestraft wurde, da Gott ihn sonst nicht verlassen und zugegeben hätte, dass unschuldiges Blut vergossen wurde. Ferner würde Gott die Richter, die an seiner Statt Recht sprechen und in seinem Namen Recht üben, nicht zu einem solchen Unrechte schreiten lassen, zu dem sie allein in treuer Pflichterfüllung und in Befolgung der Gesetze durch die Bosheit anderer veranlasst worden sind« (Nachmanides). Kesef Mischne zu Maim. Hilch. Edut 20, 2 gibt den eigenthümlichen Grund an, (der übrigens zur Erläuterung des Unterschiedes, den Maimonides zwischen Todes- und andern Strafen bei der Wiedervergeltung eintreten lässt, recht fruchtbar ist,) dass man die falschen Zeugen nach Hinrichtung des Angeklagten nicht mehr mit dem Tode bestrafe, damit dieser nicht eine Sühne werde für ein Leben, das unter dem qualvollen Bewusstsein der schweren Schuld zugebracht, die beste Strafe für ihre Unthat und schlimmer sei als der Tod. Bei allen andern Todesstrafen, die über einen Verbrecher verhängt werden, wird die Strafe als Sühne betrachtet, die man jedoch den falschen Zeugen vom irdischen Gerichte versagt, um sie der schweren, himmlischen Strafe zu überantworten. (Vgl. auch den Commentar des פני יהושע zu Maccoth.) Der fruchtbarste Grund jedoch, der für die pharisäische Lehre geltend gemacht worden ist, scheint mir der von R. Chisdai Crescas (אור ה׳ 43) und von Abarbanel (in seinem Pentateuch-Commentare) aufgestellte zu sein. (s. auch Commentar פני יהושע). Eine wesentliche Stütze für die staatliche Ordnung und für die gedeihliche Entwicklung der

Rechtspflege ist das Vertrauen auf die Vertreter der Gerechtigkeit und die allgemeine Achtung vor dem Gerichte. Wenn das Vertrauen auf die Richter nicht mehr fest steht, und die öffentliche Gerechtigkeit nicht über jeden Verdacht der Unbesonnenheit und der Leichtfertigkeit erhaben ist, wenn der Verdacht im Volke Wurzel fasst, dass sein Recht nicht mit aller Gewissenhaftigkeit und peinlichstrenger Erwägung geübt werde, so leidet unter diesem Makel, der auf der Gerechtigkeitspflege haftet, auch die öffentliche Moral, die Achtung vor Gesetz und Recht; die Scheu vor dem Verbrechen muss immer mehr schwinden und eine verhängnissvolle, sittliche Corruption sich aller Volksschichten bemächtigen. Erwägt man ausserdem, dass die Hinrichtung der falschen Zeugen öffentlich mit Motivirung verkündigt werden musste, so gebot das öffentliche Interesse geradezu, auf die Bestrafung der falschen Zeugen nach vollstrecktem Urtheil zu verzichten. Der Gerichtshof hätte den Justizmord öffentlich eingestehen müssen, sein Ansehen und seine Ehre wäre in den Augen des Volkes für immer dahin gewesen; die Bestrafung der falschen Zeugen selbst hätte dem vorhandenen Misstrauen nur noch neue Nahrung zugeführt. (Vgl. Frankel: Gerichtl. Beweis S. 241.) Darum wurde nach Hinrichtung des Angeklagten der Prozess als erledigt und der Hingerichtete als wirklich schuldig betrachtet; es wurden weitere Zeugen in dieser Angelegenheit nicht mehr zugelassen. Eine erneute Verhandlung hätte dem Getöteten nichts mehr helfen, dem Ansehen des Gerichtshofes so wie der Achtung vor dem Gesetze überhaupt aber nur schaden können.

Noch eine Erklärung, die sich in כסא דהרסנא zu בשמים ראש unter ש״א תשובה vorfindet, verdient hier erwähnt zu werden. Die Bestrafung eines Verbrechens kann einen doppelten Zweck haben: entweder die Erstattung des verursachten Schadens (bei Geldstrafen) und die ausgleichende Vergeltung durch die Hinrichtung eines Mörders — in beiden Fällen geht man von dem Princip des Wiederausgleiches aus, wobei die Strafe dem verursachten Schaden möglichst adäquat sein muss — oder sie hat die Abschreckung der Uebrigen vom Verbrechen im Auge, wie dies beim Zeugengesetz ausdrücklich V. 20 hervorgehoben wird, wobei die Strafe sich nicht nach der Grösse eines Verbrechens, sondern darnach zu richten hat, wie weit es geeignet sei im Volke Nachahmung zu finden und zur allgemeinen Corruption zu führen.

Ist also der Zweck des Zeugengesetzes die Nachahmung der falschen Zeugnissaussage zu verhindern, so kann es selbstverständlich nicht darauf ankommen, ob der Angeklagte auf das falsche Zeugniss hin schon hingerichtet ist, oder nicht, sondern darauf, wie durch Bestrafung der Zeugen der Verbreitung dieses Verbrechens am wirksamsten entgegengetreten wird. Und dies ist sicherlich nur in der von dem talmudischen Gesetz gegebenen Weise am besten möglich. Hätten die Zeugen vor der Hinrichtung des Angeklagten nichts zu fürchten, wie schnell und leicht könnten die Freunde des Angeklagten das gravirende Zeugniss vernichten, indem sie die Belastungszeugen überführen durch ein gedungenes, falsches Zeugniss, das ihren Freund befreit, ohne den überführten Zeugen besonders zu schaden. Die weitere Verbreitung dieser Sitte müsste für die öffentliche Moral sehr verderblich sein, und eine allgemeine Corruption wäre die unvermeidliche Folge. Indem man aber durch strenge Ahndung der falschen Zeugenaussage selbst vor Hinrichtung des Angeklagten dieser Corruption entgegen wirken wollte, brauchte man über diese Bestimmung selbst nicht hinauszugehen, und etwa festzusetzen, dass auch nach Hinrichtung des Angeklagten die falschen Zeugen getötet würden, da die allgemeine Nachahmung falscher Zeugenaussage bis zu diesem Grade wol schwerlich zu befürchten war und der Grösse dieses Verbrechens gegenüber sich auch jedes Abschreckungsmittel als wirkungslos erweisen musste. Wen die Grösse des Verbrechens selbst nicht schreckte, schreckte auch schwerlich die Strafe. Wir sehen ja doch, dass selbst in dem rücksichtslosen Parteikampfe zwischen Pharisäern und Sadduzäern die Verbrecher, welche den Sohn Schimons b. Schetach fälschlich anklagten, aus eigenem Antriebe noch vor Hinrichtung des Angeklagten ihre Aussagen widerriefen, weil sie einem solchen Ausgange denn doch nicht gleichgültig gegenüber stehen konnten. Nichts kann verkehrter sein, als bei dem Abschreckungsprincip die Strafe nach der Grösse des Verbrechens zu bemessen; wie die allgemeine Verbreitung der mannigfachen Verbrechen zu ihrer Grösse im umgekehrten Verhältnisse steht, so vermindert sich auch mit der Grösse des Verbrechens die Besorgniss, dass es eine allgemeine Nachahmung finden werde. —

Einen weiteren Grund für diese Norm gibt R. Jonathan Eibeschütz zu Chosch. Mischp. 38, womit er eine weiter noch zu erwähnende Norm des Maimonides näher begründet. Derselbe erklärt eine Ueberführung nur dann für zulässig, wenn der Angeschuldigte den ersten Zeugen entschieden widerspricht und die Wahrheit ihrer Anklage in Abrede stellt. Sein Leugnen hilft zwar nichts zu seiner Freisprechung, weil er in der eigenen Sache keine Glaubwürdigkeit besitzt, verleiht jedoch der Aussage der überführenden Zeugen ein Uebergewicht, so dass wir diesen mehr glauben als den ersten Zeugen. So lange also der Angeklagte lebt, erhält die Aussage der zweiten Zeugen durch ihn ihre Stütze, und da also diese mehr Schein der Wahrheit für sich haben, so richtet man sich nach ihnen. Die grössere Wahrscheinlichkeit fällt indess fort, sobald der Angeklagte hingerichtet ist; sein Tod erschwert nicht nur die Untersuchung gegen die falschen Zeugen, sondern wir verlieren nun (nach Eibeschütz) auch jede Veranlassung der zweiten Zeugenpartei mehr Glauben zu schenken als der ersten. Vielleicht würde der Angeklagte, wenn er noch lebte, die Beschuldigung der ersten Zeugen für richtig anerkennen, und sie dadurch der Wiedervergeltungsstrafe entziehen, wenn er sähe, dass durch sein Leugnen das Leben zweier unschuldigen Menschen gefährdet würde; bis zu diesem Augenblicke kann das peinigende

Gefühl, sich selbst als schlecht hinstellen zu müssen, ihn von einem Geständniss zurückgehalten haben אין אדם משים עצמו רשע. Ja, nach der Hinrichtung gewinnt das Zeugniss der ersten Partei grössere Wahrscheinlichkeit dadurch, dass sie unter jeder Bedingung selbst beim Tode des Angeklagten ihr Zeugniss aufrecht erhielten und zur Durchführung gebracht haben. Jedenfalls ist es unwahrscheinlicher, dass die Zeugen eine solche Schandthat, einen unschuldigen Nebenmenschen mit Bedacht und Ueberlegung zu Grunde zu richten, zur Ausführung bringen, als dass die überführenden Zeugen mit dem Mörder befreundet die Hinrichtung desselben an den Zeugen rächen und gegen diese ein falsches Zeugniss ablegen wollen. Es ist dies ein Grund, der von Dr. Hoffmann (Magazin des Judenthums 1878 S. 1 ff.) geltend gemacht worden ist. Bei Ueberführung vor erfolgter Hinrichtung können wir nicht annehmen, dass die überführten Zeugen aus Freundschaft zu dem Mörder bewogen, sich an den Zeugen rächen wollen. Denn wenn sie auch die Zeugen überführen und zur Strafe bringen, so ist damit noch nicht immer der Mörder gerettet. Wenn nämlich andere (dritte) Zeugen ihn desselben Verbrechens bezichtigen, so wird er getötet, wenn auch die ersten Zeugen als falsche hingerichtet worden sind. Wollten sie aus Freundschaft bewogen den Mörder retten, so hatten sie ein ganz sicheres Mittel in dem Alibi des Mörders oder des Ermordeten. Da sie von diesem Mittel nicht Gebrauch machen, sondern gegen die Zeugen ein Alibi erheben, so können sie auch nicht von diesem Motiv geleitet sein. Anders aber nach der Hinrichtung des Angeklagten, wo gerade dieses Motiv sie im höchsten Grade verdächtigen muss. Da sie ihren Freund nicht retten konnten, so wollen sie ihn wenigstens rächen durch den Tod der Zeugen, die seinen Untergang herbeigeführt haben. Mit Recht wird man darum eine nochmalige Verhandlung unterlassen, welche so wenig Garantie für die wirkliche Schuld der ersten Zeugen bieten kann. —

Fassen wir die Gründe zusammen, welche für die Norm,

nach Vollstreckung des Todesurtheils die Wiedervergeltungsstrafe nicht vorzunehmen, massgebend gewesen sein können:

1. Sollte die Ehre des Gerichtshofes und die Achtung vor dem Gesetze bewahrt bleiben.

2. Gott würde die Hinrichtung eines Unschuldigen nicht zulassen, namentlich aber die Richter vor einem Justizmord bewahrt haben.

3. Es ist nicht gut denkbar, dass Zeugen gegen einen gänzlich Unschuldigen auftreten, und ihre verbrecherische Absicht zur That reifen lassen, während die überführenden Zeugen vielleicht aus Liebe und Freundschaft zum Mörder dessen Tod an den Zeugen rächen wollen.

4. Die Untersuchung wegen falschen Zeugnisses ist nach Hinrichtung des Angeklagten äusserst schwierig, und man kann schon desshalb gegen die falschen Zeugen nicht vorgehen, weil der Angeklagte, wenn er noch lebte, vielleicht seine That gestanden und die Zeugen von Strafe gerettet hätte. Wir haben nun auch keinen Grund mehr den zweiten Zeugen mehr zu glauben als den ersten. — Wir glauben, dass die Lehre der Pharisäer nicht nur durch Wortlaut der Schrift, sondern auch in vorstehenden Erwägungen hinlänglich begründet sei, und nicht ganz ungerechtfertigt wird nunmehr der Versuch zurückgewiesen, durch einen Schluss a minore ad maius eine Massregel herbeizuführen, welche für die Rechtsfrage selbst von so zweifelhaftem Werth, für das Staatsleben und das sittliche Wohl des Volkes aber von zweifellosem Nachtheil und Verderben wäre. — Dass indess die falschen Zeugen gänzlich frei ausgingen, wenn der Angeklagte hingerichtet war, wird wahrscheinlich von Maimonides in der dunkeln Erläuterung zu unserer Mischna Maccoth 5b bestritten. (S. Maimonides Commentar zu Maccoth von Prof. Dr. Barth und Anmerkung daselbst S. 8). —

Wir haben bisher von der Wiedervergeltungsstrafe nur in ihrer strengsten Form als Todesstrafe gesprochen, und hier gilt allerdings das Prinzip, dass nach vollstrecktem Urtheile die Strafe der Wiedervergeltung in Wegfall kommt.

Doch spricht Deuter. 19, 21 auch noch von geringeren, namentlich von Vermögensstrafen, und es tritt nun die Frage ein, ob auch hier der Grundsatz gelte, nach geleisteter und verbüsster Strafe durch den Angeklagten die Zeugen nicht mehr zu Strafe zu verpflichten. Maimonides bespricht diese Eventualität Hilch. Edut 20, 2 mit den Worten: אבל אם לקה זה שהעידו עליו לוקין וכן אם יצא הטמון מיד זה ליד זה בעדותן חוזר לבעליו ומשלמין לו.

Wenn hierzu der ראב״ד bemerkt, es sei ein Irrthum, (שבוש הוא זה) so dürfte sich sein Einwand weniger auf den letzten Satz, als vielmehr auf die Anfangsworte beziehen, welche die Zeugen auch nach Vollzug der Geisselstrafe an dem Angeklagten, im Ueberführungsfalle zur Geisselstrafe verurtheilen. Für diese Norm, bei der Maimonides vereinzelt dasteht[44]), gibt Fassel in seinem mos.-talmudischen Strafgesetz S. 130 eine recht ansprechende Begründung. —

---

[44]) So erklären die Tosafoth ausdrücklich gegen Maimonides, dass in Bezug auf die Geisselstrafe bei den falschen Zeugen ganz nach Analogie der Todesstrafe verfahren werde, (Baba kama 5b: אין מ״מ סברא לחלק בין מלקות למיתה), welche Ansicht auch R. Jerucham Abschn. 2, Theil 7 im Namen Raschis citirt. Er selbst jedoch erklärt die Ansicht des Maim. für die richtige, trotzdem sie Abraham b. David als fehlerhaft bezeichne (שבוש הוא זה). R. Jonathan Eibeschütz begründet diese Norm des Maim. damit, dass bei der Geisselstrafe der Grund wegfalle, aus dem man nach Hinrichtung des fälschlich Angeklagten das Strafverfahren gegen die falschen Zeugen einstellen müsse. Wie wir S. 75 dargestellt haben, ist es nach Eibeschütz allein der Widerspruch des Angeklagten gegen die anklagenden Zeugen, welcher der Aussage der überführenden Partei eine grössere Wahrscheinlichkeit gibt und die Hinrichtung der falschen Zeugen rechtfertigt; ein Zugeständniss des Angeklagten würde die falschen Zeugen selbst im Falle der Ueberführung von jeder Strafe befreien. So schreibt R. Jacob b. Ascher wörtlich: ואם הבעל דין אומר כדברי העדים אף שהוזמו מ״מ פטורים מלשלם מתורת עדים זוממין דהא הוא מודה לדברי העדים wie dies auch aus Baba kama 75 b hervorgeht, wo selbst in einem civilrechtlichen Falle das Zugeständniss des Angeklagten die überführten Zeugen von jeder Verantwortlichkeit befreite. Es lag also, so lange der Angeklagte noch lebte, fortwährend in seiner Hand, durch ein Geständniss falsche Zeugen von der Strafe zu retten; wenn er hingerichtet ist, können

Wenn der Gerichtshof ein Todesurtheil vollstreckt hatte, so wurden die überführenden Zeugen nicht mehr zugelassen. Es musste eine erneute Verhandlung die Achtung des Gerichtshofes schädigen, sein Ansehen verunglimpfen, ohne dass irgendwie für den geübten Justizmord eine Restitution herbeigeführt werden konnte. Daher unterbleibt eine Ver-

---

wir zu Gunsten der falschen Zeugen annehmen, dass er vielleicht, wenn er noch lebte, ein Geständniss abgelegt hätte, wenn er wüsste, dass durch seine Schuld das Leben der Zeugen gefährdet sei. Diese Rücksicht gegen die falschen Zeugen fällt indess bei der Geisselstrafe fort. Hier lebt ja der Angeklagte noch und könnte selbst nach Vollstreckung der Geisselstrafe ein Geständniss ablegen. Es fällt also jeder Grund dafür fort, dass man nach vollstreckter Geisselstrafe die falschen Zeugen ebenso wie bei vollstrecktem Todesurtheil straflos ausgehen lassen sollte.

Auch aus der Mischna lässt sich nach Eibeschütz, wenn auch nur indirect, die Norm des Maim. erweisen. 1. Macc. 1, ist zwischen R. Meir und den Weisen eine Differenz über die Anzahl der Geisselschläge, welche falsche Zeugen empfangen sollen. R. Meir meint 80 Schläge wegen der Uebertretung der zwei Verbote לא תענה und ישמעו ויראו, welches letztere er als selbstständiges Verbot neben der Wiedervergeltungsstrafe auffasst, während die Weisen nur 40 Schläge zudictirten und in לא תענה gerade das Verbot für עדים זוממין erblicken (לא ענש אא"כ הזהיר). Wären nun nach erfolgter Geisselung des Angeklagten die überführten Zeugen nicht mehr straffällig, so müsste ja auch in diesem Falle eine Meinungsverschiedenheit herrschen, indem die Weisen nach dem Grundsatze כאשר זמם ולא כאשר עשה sie straflos ausgehen liessen, R. Meir jedoch, wiewol die Wiedervergeltung in Wegfall kommt, ihnen noch 40 Schläge für das übertretene לא תענה auferlegte. Da für eine Differenz in dieser Hinsicht nirgends eine Andeutung vorliegt, so werden auch die Weisen sie in diesem Falle nicht ungestraft lassen.

2. Anfang Maccoth wird als Ersatzstrafe für den, welcher durch falsches Zeugniss die legitime Abstammung eines andern verdächtigen will, Geisselstrafe bestimmt; hier muss die Verkündigung des Urtheils über den Angeklagten mit der Vollstreckung desselben zusammenfallen, da es sich nicht um Todes- oder Leibesstrafe, sondern um eine Infamieerklärung handelt, die mit dem Urtheilsspruch zugleich factisch wird. Gleichwol verfallen die falschen Zeugen in die Geisselstrafe, obgleich das Urtheil schon vollstreckt ist; wir haben also ganz die practische Anwendung der maimonidischen Norm, dass wir bei der Geisselstrafe den Grundsatz: כאשר זמם ולא כאשר עשה nicht gelten lassen.

handlung, die nur von Schaden sein konnte. Anders aber ist es bei Geisselung, noch mehr aber bei Geldstrafen. — Da muss ohne Rücksicht auf das Ansehen der Richter das Unrecht und jeder Schaden so weit als möglich wieder gut gemacht werden, und der unschuldig Gegeisselte hat ein Recht darauf, die Wiederaufnahme der Verhandlung zu verlangen. Bei Geldstrafen ist sogar ein vollständiger Ersatz möglich, und durch die neue Verhandlung wird dem Angeklagten die geleistete Zahlung wieder ersetzt; aber selbst bei der Geisselstrafe kann er von den schädlichen Folgen, die mit ihr verbunden sind, wie Unfähigkeit zum Zeugnissablegen, Verlust von Amt und Ehrenstellen, durch die Wiederaufnahme des Prozesses befreit werden, und wenn auch nicht für die erlittenen Schmerzen, wird er doch für seine gekränkte Ehre durch vollständige Restitution in seine Stellung und Wiederherstellung seiner Integrität und seines unbescholtenen Characters wieder entschädigt. Um dieses zu bewirken gilt uns kein Ansehen der Richter: Die Restitution seiner Unbescholtenheit gilt mehr als die etwaige Verunglimpfung, die einem Gerichtshofe in Folge eines falschen Urtheilsspruches widerfahren kann. Auch die Aggada, die hohe Bedeutung der Wiederherstellung der Integrität und Unbescholtenheit einer Person betonend, erkennt dies aus dem Gesetze über die »ungetreue Frau« (Sota), welches gestatte, sogar den Namen Gottes mit dem Fluchwasser auszulöschen, damit der gute Ruf der Ehefrau wiederhergestellt werde. (Vgl. פ' סוטה zu מדרש במדבר רבה).

Vita.

Am 1. Mai 1856 zu Mayen bei Coblenz geboren, besuchte ich von meinem 7.—13. Lebensjahre die Gemeindeschule meiner Vaterstadt und trat alsdann in die israelitische Lehrerbildungs-Anstalt in Düsseldorf (gegenwärtig in Cöln) ein. Nach vierjährigem Aufenthalt daselbst verwaltete ich während eines Jahres eine Lehrerstelle und siedelte dann nach Berlin über, um mich für das academische und rabbinische Studium vorzubereiten, wozu mir die Wohlthaten meines Gönners, des Herrn Samuel Bielefeld in Ruhrort, die reichlichsten Mittel an die Hand gaben. Im April 1878 trat ich in die Prima des Gymnasiums in Fulda ein, das ich nach einjährigem Besuch absolvirte. Nach Berlin zurückgekehrt widmete ich mich neben den rabbinischen Studien in dem unter Leitung des Rabbiners Dr. Hildesheimer stehenden Seminar vornehmlich den philosophischen und orientalischen Wissenschaften und hörte die Herren Professoren: Barth, du Bois-Reymond, Dillmann, Feller, Gizycki, Haarbrücker, Harms, Lazarus, Lotze, Paulsen, Sachau, Schrader, Zeller, denen ich hiermit meinen innigsten Dank abstatte. Im Jahre 1881 bewarb ich mich um den von dem hiesigen Rabbiner-Seminar gestellten Preis, der auch meiner Arbeit, betitelt: »Das mos.-talmudische Gesetz über falsche Zeugen« zuerkannt wurde.

BERLIN, den 10. Februar 1882.

Oscar Bähr, stud. phil.